PLENITUD DE GOZO

DE COPAS VACÍAS A COPAS DESBORDANTES

YORDANKA FONSECA

Prólogo por
Jaime y Liliana Garcia

DE COPAS VACIAS A COPAS DESBORDANTES
-Plenitud de Gozo-

Yordanka Fonseca

Facebook: @yordankafonseca
Instagram: @yordanka _fonseca

©2023 by Yordanka Fonseca

Editor: Pilar Farelo Felizzola

Diseño: Publicity

Primera Edición 2023

Impreso en USA

Categoría: Vida y práctica cristianas

Los textos bíblicos han sido tomados de las versiones: Reina Valera 1960 / Nueva Versión Internacional (NVI).

Ninguna parte de este libro puede ser reproducida o transmitida en cualquier forma o por cualquier medio, electrónico o mecánico - incluyendo fotocopias, grabaciones o cualquier sistema de almacenamiento y de recuperación de información sin el permiso por escrito del editor.

Dirija sus consultas a: yordankafonseca@yahoo.es

ISBN:

PRÓLOGO

PLENITUD DE GOZO - De copas vacías a copas desbordantes

Queremos agradecer a Dios por la vida de Yordanka y por el testimonio de sanidad que Él con Sus manos ha esculpido en su corazón. Damos gracias a Yordanka porque a pesar de haber acumulado tantas experiencias y conocimientos, cuando llegó el derrumbe de su vida, tuvo la humildad para buscar, pedir y recibir ayuda. Eso es un milagro muy grande, y poco común en el medio religioso. Gracias a Dios porque ella fue sensible a Su voz y le permitió tomarla en Sus brazos, limpiar sus muchas heridas y sanarla. Debido a esa humildad, hoy es poseedora de una historia llena del amor y del poder de Dios, y además, hoy tenemos todos el privilegio de ser edificados e inspirados a través del fruto precioso que es este libro que estamos leyendo.

Nuestra oración es que Dios coloque este libro en manos de personas que han perdido la esperanza para que a través del testimonio de Yordanka, y de los tesoros que comparte, puedan llegar a creer que sí Hay Esperanza, que Dios es el Dios de los Imposibles, que no hay ningún dolor que Él no pueda consolar, ni ninguna herida que Él no pueda sanar.

Damos gloria y gracias a Dios por habernos escogido para ser un refugio para ti, Yordanka, en el momento más oscuro de tu vida. No somos perfectos, aún seguimos siendo restaurados, al igual que todos aquellos que sirven a nuestro lado; pero a Dios le plació darnos el regalo de conocerte, compartir contigo todos lo tesoros que recibimos de Su mano en medio de la angustia, y ser testigos de cómo te abrazaste al Señor y al proceso, y cómo nuestros tesoros se convirtieron en tus tesoros.

Estamos eternamente agradecidos porque lo que recibiste, se ha convertido en tu realidad y ahora es tuyo. Gracias por la honestidad, la claridad y la sencillez con la que compartes todo lo que has vivido y aprendido. Gracias por decir Sí a seguir compartiendo acerca de este maravilloso Viaje llamado Restauración.

Definitivamente recomendamos este libro lleno de luz, verdad y esperanza. Estamos seguros que todo aquel que lo lea y aplique a su vida las herramientas aquí compartidas, será grandemente bendecido, y no sólo él/ella sino toda su familia. Esperamos que hagan lo mismo que hizo Yordanka, quien luchó por su vida y por su sanidad con todas sus fuerzas y atesoró cada enseñanza, la cuales tomaron vida dentro de ella.

Te amamos y bendecimos tu vida y tu llamado, Yordanka. Que el Señor siga derramando Su gracia y Su gloria sobre ti y a través de ti.

¡Nos seguiremos viendo en este Viaje, que nunca termina!

Jaime y Liliana García
Canaan Church

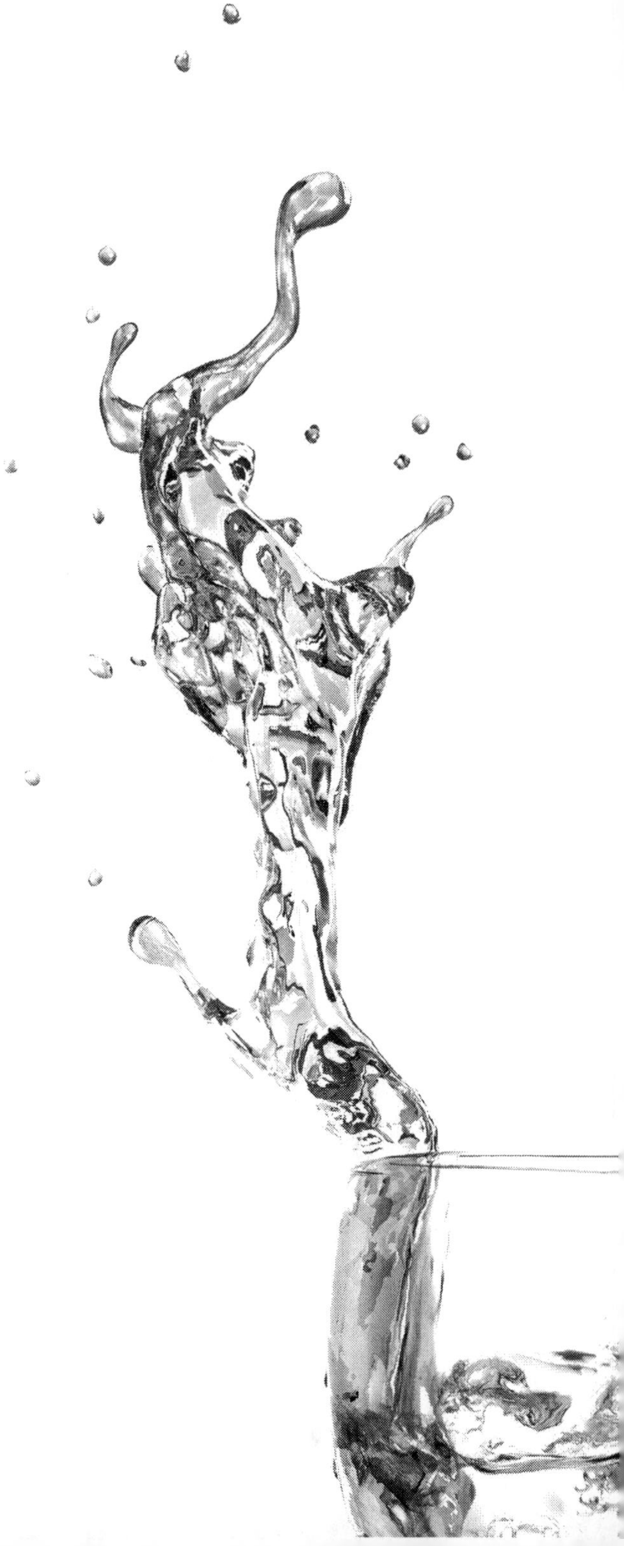

CONTENIDO

INTRODUCCIÓN — 11

CAPÍTULO 1:
Vacios en el alma (Copas vacías) — 20

CAPÍTULO 2:
Traumas — 28

CAPÍTULO 3:
El dolor a causa de los traumas — 44

CAPÍTULO 4:
Refugios de dolor (Adicciones) — 60

CAPÍTULO 5:
Hogares disfuncionales — 72

CAPÍTULO 6:
La restauración como un estilo de vida — 86

CAPÍTULO 7:
Herramientas dentro de la sanidad — 94

CAPÍTULO 8:
Ciclo de la sanidad — 112

SOBRE EL AUTOR — 119

PLENITUD DE GOZO

INTRODUCCIÓN

He sentido durante muchos años pasión por encontrar respuestas, pero después de escribir y publicar mi primer libro "Un desierto con propósito", comencé a vivir una crisis existencial o algo similar, ya que el libro cambia al autor. Descubrí entonces que debía enfrentarme a retos, a cosas mayores que sólo escribir; mi tarea ahora era salir al público y al mundo a promover este libro y representar al Dios TODOPODEROSO, quien me había predeterminado aquel proceso de vida y luego había plantado en mí, la inquietud de testificar al mundo, para dar a conocer Sus buenas obras.

Viví todo esto y más... atravesé grandes momentos de duda en cuanto a mi identidad; una brecha abierta dio paso al temor y me sentí paralizada, expuesta y muy poco preparada, con todo un mundo desconocido para mí. Pero también en ese momento, descubrí algo más allá, entendí que tenía un llamado ministerial y un propósito en mis manos, un testimonio que compartir y una misión que cumplir, literal como ministra del ejército de Dios.

Hubo en aquel momento una fuerte necesidad de expresar todo lo que Dios había depositado en mí, pero mi vida como ser humano y como representante de Dios, debía estar alineada a los principios, valores y a los estándares del reino de Dios, pero no sabía por dónde comenzar. Necesitaba hacer las cosas que Dios me llamaba a hacer con un corazón sano, no desde las heridas, sino desde las cicatrices. No desde las reacciones equivocadas. Para lograr liderar poderosamente, hay que alinear el carácter y las emociones. Se requiere madurez y estabilidad verdadera para manejar adecuadamente las presiones de la vida. No podría impactar afuera, a otros, sino estaba transformada por dentro.

He sido una buscadora incansable de todos los cursos de coaching, psicología y terapias que están a mi alcance; leía con frecuencia libros de psicología para entender el comportamiento de la mente humana y la base fundamental de los vacíos emocionales, pero a pesar de ello, no lograba encontrar el motivo del vacío de mi alma, no podía encontrar la raíz del problema.

Aunque tenía a Dios en mi vida, mi interior decía a gritos que había un gran vacío en mí. Yo entendía que muy a pesar de esa gran victoria, que Dios me había regalado años antes y que ahora intentaba testificar; no podría brindar o intentar dar lo que no tenía. Fue ahí cuando sentí que necesitaba hacer las cosas a la manera de Dios, con Su guianza exclusiva, algo que no sabía identificar.

Estos gritos internos me llevaron a hacer cursos de coaching de vida, tomar terapias, en fin, comenzó una búsqueda incansable por encontrar respuestas y entender mi mente, mi alma y mi corazón. Confieso que siempre sentí pasión por el tema de desarrollo y crecimiento personal, el estudio de la mente humana, etc., ya que deseaba crecer en todas las áreas y tener un equilibrio en la vida y ser genuino ejemplo a la sociedad. Mi anhelo era tener una familia feliz, aun siendo divorciada, un esposo feliz y por supuesto, un hogar feliz.

Entendía, que haber crecido en un hogar disfuncional, tenía mucha influencia en todo ese vacío (copa vacía). Yo atribuía la culpa (porque siempre buscamos culpables) de mis vacíos emocionales a cuánta cosa había pasado en mi vida, hasta que Dios me pasó por el hermoso procesador de almas y sanidad interior de "Canaán Church USA", donde la religiosidad y los consejos del hombre están abolidos, porque su visión está enfocada a confiar tanto, pero tanto en nuestro Creador, a buscarle, escuchar atentamente Su voz y a llevar cada aprendizaje de manera real desde nuestro conocimiento o mente, hasta el corazón. Bendito lugar que transformó mi vida para siempre y DESBORDÓ MI COPA DE PLENITUD DE GOZO.

Recuerdo que mi queja era que, a pesar de tanta preparación, es decir, después de la búsqueda de tanta información y además conociendo a Dios, yo seguía experimentando ese vacío.

Se suponía que debía ser "nueva criatura y que las cosas viejas pasaron", así como dice la Palabra de Dios. Mi cambio fue real, luego de ser bautizada mi vida fue otra; desde el año 2009 cuando me convertí a Cristo, como lo cuento en mi testimonio en mi primero libro "Un desierto con propósito", comenzó una transformación, pero a pesar de ese avance, yo continuaba experimentando ese vacío interno (copa vacía).

No entendía por qué, a pesar de ser cristiana y saber que enojarse nos hace perder la capacidad intelectual, yo aún me enojaba. Intentaba reprimir ese sentimiento que es totalmente normal, pero no lo sabía manejar. Había alcanzado salvación a través de Cristo y debía ser libre... pero mi alma estaba prisionera y esclava.

A pesar de anhelar, estudiar y entender, a toda costa, sobre inteligencia emocional, no lo lograba. No entendía por qué a pesar de tener a Dios en mi corazón y creer de verdad que disfrutaba a plenitud las actividades que realizaba que me llevaban a lograr el cumplimiento de muchos sueños, nada era suficiente.

¿Qué era lo que me pasaba después? Quería seguir logrando más metas y cumplir más sueños, nada llenaba esa copa vacía.

Aunque tener metas y cumplir sueños, no está errado. Es la disposición de tu corazón y hacia donde está direccionado, el mayor problema.

Tuve un novio ministro de Dios que me removió todas esas heridas de rechazo y abandono que desde mi niñez me acompañaban. Así que, con sus insultos, maltratos físicos, verbales, también psicológicos e intentos de sumisión, control y manipulación, logró aflorar en mí, una serie de reacciones, rebeldía e intolerancia, falta de misericordia, que avergonzaron mi ser.

Esto me llevó al final de mi camino... a un genuino arrepentimiento, donde por fin pude permitirle a Dios obrar en mi vida. Llevé todos los conocimientos que tenía de la mente al corazón y pude entonces, comenzar a confiar genuinamente en Dios como mi Padre celestial. Dejé atrás la orfandad, me rendí a sus pies y recibí el precioso regalo del perdón y Su misericordia; también aprendí a colocar límites sanos. Ha sido un duro proceso, y difícil. Sin embargo, hoy puedo definitivamente reconocer que había un propósito, que justo dentro de este proceso de restauración, pude interactuar con algo o alguien que activó mis heridas de la infancia, lo cual me llevó a reconocerlas, y así rendirme con mayor deleite, permitiendo a Dios comenzar a cicatrizar las heridas.

Me preguntaba, ¿qué será lo que espero de la vida?, siento que hay algo más y no sé qué es. Llenaba esos vacíos con más religiosidad, con más negocios, con más cursos, con eventos, etc, pero, aun así, no me sentía llena y no creía tener esa paz que sobrepasa todo entendimiento de la cual se habla en la Biblia. En ocasiones confiaba, a veces tenía Fe, pero adentro permanecía un vacío interno.

Me sentía incompleta y creía que era porque no tenía un esposo de muchos años; vivía con la creencia de tener que encontrar la pareja perfecta e ideal para poder llenar estos vacíos internos. ¿Te ha pasado?

Bueno.

Si tú también te has sentido así, que no encajas, te sientes fuera de la foto familiar, aunque estés entre ellos, si sientes que los miras de lejos, desde la ventana, aunque definitivamente estés entre ellos, te invito a que leas este libro hasta el final, y sigas recomendaciones porque entenderás quién eres, a dónde vas, de dónde vienes y el porqué de tus vacíos emocionales (copa vacía). Esa es mi intención, aunque sanar completamente, es un proceso para toda la vida. Y definitivamente, un proceso de restauración sería el escenario ideal para que utilices todas las herramientas necesarias, y puedas contar con el cuerpo de Cristo y personal experimentado para ayudarte a sobrellevar el dolor, y darte ánimos para que te vuelvas a levantar.

Restaurar en general significa poner algo en el estado en el que estaba antes, pero a diferencia de lo que ocurre con los objetos, bíblicamente hablando, restaurar significa devolver el estado inicial u original a algo, que no permanece estático, que experimenta crecimiento y mejora hasta el punto de llegar a ser superior al estado inicial.

La multiplicación que viene con la restauración es parte también de la promesa de Dios, Jesús dijo a sus discípulos que aquellos que dejaran algo para ir en pos de Él recibirán cien veces más. Según el significado bíblico de la restauración, lo mismo ocurrirá con una persona restaurada. Cuando Dios restaura a Su iglesia, no sólo devolverá la gloria inicial, la gloria que alcanzó con los primeros creyentes, sino que la volverá majestuosa y poderosa en la fe. Te convertirás en una **COPA DESBORDANTE DE PLENITUD DE GOZO**.

Es altamente recomendable, integrarte a algún proceso de restauración, yo te recomiendo **«Canaán Church»**, allí fue donde recibí revelación para comenzar y desarrollar mi restauración, pero honestamente, ellos son sólo instrumentos talentosos, con enormes y muy pulidos dones otorgados por Dios, porque quien hace la verdadera obra, es Dios, nuestro Padre Celestial.

Antes de comenzar, quiero comunicarte que me baso en todo el material de restauración de **«Canaán Church»**, y algunos libros de apoyo dentro del programa. Mi recopilación es gracias a estos dos años en el proceso de restauración, en este refugio donde puedes encontrar literalmente "consuelo y esperanza". Los abrazos que allí te dan se parecen a los de Dios, porque ellos me enseñaron a abrazar diferente, y por cierto un dato curioso, hay estudios que corroboran que un abrazo de 8 segundos libera hormona oxitocina, hormona de la felicidad, de la empatía (Mariam Rojas, psiquiatra española).

Gracias a Dios por esa literatura que Jaime y Liliana García escribieron y que dejarán como legado; un recuento de su proceso de restauración y revelaciones de Dios a sus vidas.

Quise resumir y recopilar todo lo que me permitió diagnosticar y reconocer mis vacíos internos, emocionales (MI COPA VACIA), para luego llenarme (LLENAR Y LUEGO DESBORDAR MI COPA), con lo que realmente debía ser. Sustituir todas las mentiras, creencias, fortalezas y hábitos aprendidos por las verdades de Dios; vivir sin práctica de pecado, para no dar lugar a tinieblas y de este modo ministrar y aportar a otros a través de mi experiencia de vida. Gracias a Dios ahora soy una imperfecta copa desbordante de plenitud de gozo, por eso lo que por gracia recibo, te lo comparto, y esto me apasiona.

Yo tenía un libro desde hace dos años muy adelantado en la escritura con esos conceptos aprendidos mientras estudiaba la correlación entre la psicología y la Biblia; creía que era maravillosa la manera como se interrelacionan esos mundos creados por Dios, la ciencia y lo espiritual. En esos cursos buscaba respuestas, pero no lo veía como un todo integrado, tenía todos estos conocimientos desorganizados en mi mente hasta que en **«Canaán Church»** organicé y entrelacé esos conocimientos. Allí les di forma y también pude encontrar el modo de cambiar el comportamiento, al descubrir la raíz que generaba el dolor y desencadenaba mis reacciones y vacíos emocionales.

Aprendí a comunicarme realmente con Dios, mi oído se afirmó a la voz del Espíritu de Dios y tuve claridad de mis valores, identidad, propósito y verdades en Cristo.

Desde que somos plantados en el vientre de nuestra madre Dios nos conoce, eso afirma la Palabra de Dios. Ella nos habla de lo entretejidos que hemos sido, que fuimos hechos a imagen y semejanza, de nuestro Abba Padre; la escritura detalla la manera en que el Señor formó cada una de nuestras partes. Ya Él nos conocía mucho antes de nacer, así que no estás leyendo esto por casualidad, estaba en el plan de Dios, pero es tu decisión si lo aprovechas o no. Mi deseo es que recibas, aprendas y y pongas en práctica lo que este libro te inspire. Recuerda que todos tenemos libre albedrío, procura usarlo para tu beneficio y el cumplimiento del plan de Dios en tu vida.

PLENITUD DE GOZO

VACIOS EN EL ALMA
(COPAS VACÍAS)

CAPÍTULO 1

VACIOS EN EL ALMA (copas vacías)

Todos tenemos la necesidad de permanecer conectados y pertenecer. Nacemos con necesidades fundamentales que hacen parte del perfecto diseño que Dios ha predestinado para nosotros. Esta una de las mayores revelaciones recibidas en **«Canaán Church»**, ya que yo sabía que tenía todas estas necesidades, sin embargo, no entendía que eran parte de mi diseño original, y creía que mi necesidad era ridícula.

Necesidades Fundamentales del Ser Humano

1. Identidad
2. Amor incondicional
3. Aceptación incondicional
4. Valoración y significado

Se supone que debíamos haber recibido esto de las personas más significativas de nuestra vida, nuestros padres, durante nuestro crecimiento y desarrollo. Cuando estas personas no suplen nuestras necesidades, el único ser que puede lograr llenar nuestros vacíos emocionales es Dios.

Por esta razón todo ser humano siempre anhela relaciones que permitan expresarnos sin ser juzgados, añoramos amar y ser amados, necesitamos relaciones donde haya respeto mutuo. Todos queremos conexión, pero a la vez tener libertad.

Así que desarrollar una verdadera identidad, además de ser amados, aceptados y valorados, es uno de los principales eslabones para alcanzar la sanidad.

¿Qué es identidad?

Conjunto de rasgos o características de una persona o cosa que permiten distinguirla de otras en un conjunto. La identidad personal va ligada a un sentido de pertenencia a distintos grupos, con los que compartimos características en común. Se refiere a creencias, gustos y costumbres. La identidad de Jesús se determina por su relación con Dios, siendo el Hijo del Padre enviado al mundo. Esta relación trasciende las dos naturalezas. Jesús es Hijo de Dios tanto en su naturaleza humana, como en su naturaleza divina.

La función de la identidad es mantener nuestro equilibrio psíquico mediante dos acciones: darnos una valoración positiva de nosotros mismos y adaptarnos al entorno en que vivimos. La primera función busca llegar a sentirnos una persona valiosa con capacidad para actuar ante los diferentes sucesos y elementos.

Cuando entendemos que somos amados y aceptados por nuestro Padre celestial, sentimos que estamos seguros, protegidos y confiados. Que tenemos una identidad, que provenimos de una fuente que nos ama. Pero cuando decidimos no confiar, nos sentimos huérfanos.

¿Quién soy?

Creación de Dios, hijo de Dios y hechura de Dios. Sólo los que entregaron su corazón a Dios son hijos de Dios. Todos deben ir al arrepentimiento y deben reconocer a Cristo como su Señor y Salvador.

¿De dónde vengo?

Creados en Cristo.

¿Hacia dónde voy?

He sido creado para la realización de buenas obras. Lo cual es el propósito o sentido de la existencia.

La segunda necesidad fundamental con la que nacemos, es la de ser amados, el amor incondicional. Ningún padre o madre puede amar con un amor perfecto, sin embargo, fueron escogidos para ser los representantes del amor de Dios en nuestras vidas, dándole a los hijos un amor verdadero, genuino e incondicional. Pero la verdad es que Dios es el único que puede satisfacer nuestro amor incondicional hasta rebozar.

La falta de amor incondicional es amor condicionado, lo mismo que rechazo. Cuando para amar a alguien le exijo algo, le estoy negando el amor y eso se traduce como rechazo. Ser amado es una necesidad vital. La ausencia del amor enferma y eso nos convierte en mendigos de Amor; ese es un comportamiento típico de una persona con un corazón vacío que anhela el verdadero amor y busca desesperadamente conseguirlo a cualquier precio.

Pude identificarme en esta situación definitivamente, pasé mi vida tratando de buscar el amor incondicional en las personas equivocadas, en las cosas equivocadas. En contraste, otros no comprarán el amor a través de la complacencia o la permisividad, si no que tratarán de obtenerlo a través de la rebeldía, la manipulación, el engaño, las amenazas, los abusos y las adicciones.

Así que el problema es que lo que se compra no es amor, es rechazo condicionado.

Sólo el amor incondicional de Dios puede llenar el vacío que hay en tu corazón, eso sucede a través de una relación íntima y genuina con Dios. Saber que Dios me ama no me sana, esta información es importante, pero debo llevarla al corazón. Todo cambia cuando el centro de nuestro ser comprende que somos hijos, y que somos amados sin condición.

La persona que está llena de amor no tiene hambre de amor. Cuando tu copa está llena, no necesitas buscar más afuera. Cuando tenemos un corazón vacío y roto, nuestra inclinación es buscar el amor en lugares y personas equivocadas y terminamos siendo aún más heridos, más decepcionados, y más frustrados; llegando a no confiar en nadie, ni siquiera en Dios porque estamos incapacitados para recibir amor.

Necesitamos sanar nuestro corazón herido y la única solución para lograrlo es perdonar.

La tercera necesidad básica de un ser humano es la aceptación incondicional, todos anhelamos ser aceptados tal y como somos, pero todos hemos experimentado rechazo, lo cual se traduce en la negación del amor, y es la herida más profunda que sufre un ser humano. Entonces se enferma.

La persona que ha sido rechazada se enferma y pasa el resto de su vida haciendo lo imposible por ser aceptado. El único que nos acepta siempre es Dios. Aunque a veces lo despreciamos. Su amor y aceptación son más que suficiente, sin embargo, esto es sólo teoría para las personas Codependientes, con tendencia a idolatrar a otros. Es importante reconocer que al único que debemos agradar es a Dios, no al hombre. Es posible que podamos aceptar a una persona, sin embargo, no aprobar su comportamiento. Eso es amar. Como creyentes y seguidores de Cristo tenemos que desaprobar lo que Dios no aprueba, pero tenemos que seguir amando a las personas. Nunca una persona rechazada va a cambiar, necesita la aceptación, el amor y la aceptación de Dios.

La cuarta y última necesidad fundamental con la que nacemos es valoración o significado. Todos los seres humanos necesitamos sentirnos valiosos y saber que nuestra vida tiene un significado.

Aprendí a comprar el amor con mis logros ya que tuve una madre autoritaria y abusadora, generalmente era víctima de golpes fuertes y sin control y de sus duras palabras descalificantes y desagradables. También mi abuela quien formó parte de mi educación lanzó muchas palabras de maldición, juicios y críticas destructivas que golpearon mi alma y mi espíritu.

El día que no esperes recibir tu valor de los otros, no te enfoques en lo que dicen de ti, o en tus logros y pidas a Dios que revele tu valor, ese día terminará tu carrera incansable de buscar valoración en otros y no en Dios. Es decir, cuando sepas acerca del amor de Dios. Recibir Su aceptación y entender cuánto vales para Dios, cambiará tu vida para siempre.

El problema es que sentirnos amados, aceptados y valiosos se convierte en nuestro proyecto personal, y queremos obtener más logros y convertimos esto y a otras personas en nuestros ídolos; aun siendo cristianos convertimos el servicio a Dios en nuestro ídolo, nuestro llamado en nuestro ídolo, nuestras promesas en nuestros ídolos, en vez de poner nuestros ojos en el Creador de todo.

Pero Dios se encarga de revelar nuestros pecados y darnos arrepentimiento, así que podemos pedir perdón a Dios por nuestros pecados y rendirnos completamente a Él. La verdad de Dios es que eres una persona santa y justificada por Dios, que a veces peca.

"Tienes tu valor e identidad a partir de lo que yo he hecho por ti y de lo que yo digo de ti"
(Frase reveladora que aprendí en Canaán Church)

ACTIVIDAD

Identifica las necesidades básicas del ser humano no recibidas.

TRAUMAS

CAPÍTULO
2

TRAUMAS

El dolor más profundo es aquel producido por las relaciones más significativas. Definitivamente duele más cuando la herida ha sido causada por los padres, en especial por nuestra madre, quien es la primera persona con la que tenemos contacto al nacer, ese es el primer lazo de amor que conocemos y por ende, todo lo que acontezca con ese vínculo nos afecta, generalmente ocasiona la herida más profunda y la que más dolor nos produce.

El dolor trae sufrimiento a tu vida, y has podido arrastrar con ese dolor por muchos años. Hay dolores tan fuertes que se han convertido en traumas. Recuerdo decir muy a menudo, todos tenemos traumas y hubo quien me dijo, ¡no, jamás, no estoy traumado(a)!... pero algo intuía, sin ni siquiera saber sobre el tema.

Existen dos tipos de trauma TIPO A Y TIPO B

TRAUMA TIPO A:

Por ausencia de cosas buenas, que debiste haber recibido en tu vida y sobre todo en la niñez y aun posteriormente.

-No ser valorado o celebrado por tus padres, solo por existir.

-No haber tenido un padre o madre que tomaran el tiempo para comprender quien eres, que te animaran a expresar lo que sientes o piensas.

-No haber recibido alimento, vestido, techo, atención médica y dental.

-No haber sido animado a hacer cosas difíciles, resolver problemas, perseverar, no tener oportunidad de desarrollar tus recursos y talentos.

Para sanar y resolver traumas TIPO A:

-Perdonar

-Aceptar ayuda por parte del cuerpo de Cristo (la iglesia es fundamental en la restauración de aquellos que han experimentado traumas, allí puedes ir y pedir ayuda cuando te sientas triste, confundido, culpable, avergonzado...)

No perdonar no le hará daño a otro, por el contrario, la única persona que realmente se envenenará serás tú mismo. El único camino es el perdón y si eres cristiano con más razón, pues tenemos el ejemplo de Cristo, pero sobre todo es necesario para sanar. Es fundamental comenzar perdonando a tus padres, porque ellos fueron las personas que Dios puso en esta tierra para asegurar tu cuidado y educación. Y dentro de tus padres, tu madre principalmente, porque como ya mencioné es tu primera línea de contacto con el amor.

Pero obviamente luego de nuestros padres, muchas otras personas a lo largo de la vida nos han herido, y también necesitamos perdonarlas en nuestro corazón. Perdonar no significa que hay que unirse o continuar cerca de la persona que te hirió o te abusó, ni tampoco consiste en ir a decirle que le perdonas; perdonar significa que en tu corazón ya no haya carga emocional y por eso puedes entregarle a Dios esta situación y Dios te regala el don del perdón. Para esto la comunión con Dios debe ser excepcional.

Dios te mostrará dónde está tu pecado, te regalará el don del arrepentimiento, recibirás perdón, luego tú sentirás compasión, estarás capacitado para perdonar, perdonarás a todos los que te han herido u ofendido y cuidarás ese perdón como arma espiritual para sanar y seguir perdonando el resto de tu vida.

La restauración es un tema para toda la vida, porque siempre seguirás encontrando personas que te hieran y tendrás que seguir perdonando. Y seguramente te preguntarás… ¿qué pasa si a mí nunca me piden perdón?

Nada pasará.

El proceso de perdón es un acto espiritual en el que únicamente participan Dios y la persona ofendida. No necesitas arrepentimiento del ofensor para que el ofendido pueda ser libre de resentimiento y perdonar. Nunca debes ir donde el ofensor a pedir perdón, si él no viene primero a pedir perdón. En vez de sentirte bien, tal vez sientas vergüenza por verlo mal, o tal vez no haya reconocido lo que hizo y su reacción no sea muy positiva.

El proceso natural de todos los humanos es pensar, sentir y actuar, pero en este proceso debes pensar y actuar, aunque no lo sientas debes hacer lo correcto que es perdonar. Debemos dejar las emociones y sentimientos a un lado, aunque estemos heridos o enfadados. Dios quiere que nos sometamos a Su voluntad y nos manda a perdonar sin importar lo que sentimos.

Algunas razones por las que no perdonamos son

- Orgullo
- Mecanismo de defensa
- Pierdo el control
- Me pueden volver a herir
- Ignoro y supuestamente olvido el problema
- Venganza
- No entender el amor y perdón de Dios
- No perdonarte a ti mismo
- El ofensor no se siente mal
- Me siento hipócrita
- Esperando sentirlo
- No tienes tiempo
- Temor a lo que vas a sentir emocionalmente
- Consecuencias de no perdonar
- Tormento interno

- Amargura
- Atadura al pasado y a la persona
- Incapacidad de restauración y recibir perdón de Dios
- Enfermedades físicas
- Ley de juicio activada

Por los frutos verás si has sido perdonado, (paz, gozo, paciencia, misericordia, compasión, amor). Dios te perdonó y tú también pecas y mientes.

Esto es lo que te dices, para creer que has perdonado:

- Si dices, ya no siento rabia
- Si justificas y comprendes
- Te pones en el lugar de la persona
- Das beneficio de duda
- Te dices, el tiempo sanará las heridas
- Te olvidas del asunto
- Oras por la persona
- Si has confrontado a la persona
- Ir a decirle te perdono
- Eres amable y le das regalos
- Te echas la culpa

Pero la verdad, aunque hayas expresado o sentido todo lo anterior, no se llama perdón. Dios define el perdón como cancelación total de nuestras deudas(pecado). Perdonar es una decisión, no está basado en sentimientos. Es una elección porque sabes que has sido perdonado por Dios.

Beneficios de perdonar

- Dios transforma tus sentimientos
- Dios sana tus heridas
- Dios honra tu obediencia
- Dios restaura tu gozo
- Dios te liberta del pasado y de tus enemigos
- Dios trae gloria a tu vida
- Dios te bendice y da autoridad para cortar ataduras y maldiciones

El perdón ocurre cuando el ofendido cancela la deuda y libera al ofensor, pero sólo si el ofensor cambia y pide perdón te debes reconciliar.

Perdonar es escoger vida

«Hoy te he dado a elegir entre la vida y la muerte, entre bendiciones y maldiciones. Ahora pongo al cielo y a la tierra como testigos de la decisión que tomes. ¡Ay, si eligieras la vida, para que tú y tus descendientes puedan vivir! Puedes elegir esa opción al amar, al obedecer y al comprometerte firmemente con el Señor tu Dios. Esa es la clave para tu vida. Y si amas y obedeces al Señor, vivirás por muchos años en la tierra que el Señor juró dar a tus antepasados Abraham, Isaac y Jacob».

Deuteronomio 30:19-20 NTV

¿Cómo puedo perdonar?

- Reconoce el dolor, herida u ofensa
- Reconoce cómo te hizo sentir
- Cuando recibes perdón por tus pecados eres capaz de sentir misericordia por otros
- Soltar incondicionalmente al que te ofendió, solo Dios saciará tus necesidades de amor, aceptación, seguridad y de no sentirte con derecho a juzgar a otros
- Saber que estarás expuesto a otras heridas si es la voluntad de Dios, pero confía en Cristo que te dará sabiduría y protección. Si no perdonas, entonces vas a juzgar, esta fue otra gran revelación en mi proceso.

El dolor desaparecerá con el tiempo y tu decisión debe estar basada en la fe y obediencia. Después de perdonar hay que cuidar la herida y luego de un tiempo prudente, verás la cicatriz. Recordarás lo ocurrido, pero sin dolor, y podrás mostrar a otros el poder restaurador de Dios. No debes hablar más de esta herida con el ofensor, ni volverás a dejar tu mente volver a esos recuerdos para hacer juicios otra vez. El perdón es otorgado por Dios cuando realmente nos arrepentimos genuinamente de cargarlo, Dios se encarga de sacarlo de nuestro corazón, pero hay que pedirle a Dios que lo desarraigue.

TRAUMA TIPO B:

- Por presencia de cosas malas en la vida que nunca debieron haber pasado
- Abuso físico, golpes en la cara, halones de cabello, sacudidas fuertes, aun hacer cosquillas a un niño y continuar haciéndolo cuando superó el límite de tolerancia.
- Ser disciplinados violentamente
- Abuso sexual, caricias inadecuadas, besos sexuales, abrazos sexuales, exhibicionismo
- Apodos y abuso verbal
- Abandono
- Presenciar abusos en otros
- Torturas

Todo esto te lleva a no confiar en nadie, aislarte y no expresar lo que sientes. Ya que, si las personas más importantes como son los padres, te abandonan, rechazan y maltratan, no querrás desarrollar intimidad y vas a tener muchos conflictos con las relaciones interpersonales. Todo esto produce un profundo dolor que hoy todavía no sabes qué nombre tiene o cómo apagarlo. Este dolor ataca lo más profundo del ser humano, su identidad y sistema de creencias (lo que cree de sí mismo).

Pregúntate si tú eres el que rechaza, maltrata o abandona... porque cuando las personas han pasado por traumas tipo A y Tipo B, pueden pasar fácilmente de abusado a abusador; esta persona optará por rechazar primero, abusar primero, abandonar primero, antes que la historia se vuelva a repetir.

Para apagar este dolor sin resolver, has decidido refugiarte en adicciones para evitar este dolor producido por los traumas. Tales como drogas, alcohol, nicotina, ciertos alimentos, etc. Comportamientos como mucho trabajo, las compras compulsivas, el juego, la ira, dormir mucho, el sexo, controlar situaciones, en fin, todos son falsos refugios para apagar el dolor momentáneamente.

Se requiere de cierto nivel de dolor, para que las personas tomen la decisión de huir de él.

Una de las razones por las que reaccionas a ciertas actitudes, palabras y comportamientos es porque están tocando tus heridas del alma. Tu intención debe ser convertir esa herida en cicatriz, que sería cuando estás restaurado, no una herida sangrando, sino que puedas ver la cicatriz, cuando ya no duele el alma.

Como resolver trauma TIPO B:

- Perdonando
- Conociendo la verdad de Dios, orando y escuchando la voz de Dios

Como ya hablamos sobre el perdón, nos vamos a concentrar en la verdad de Dios, la oración y escuchar la voz de Dios.

Debes separar tu alma de tu espíritu para escuchar a Dios. Separar tu ansiedad, tu tristeza es difícil, pero se puede lograr. En la calma es donde podrás escuchar la voz de Dios, Él trabaja cuando estás tranquilo, en la quietud. Sabrás cuando Dios te habla porque te dará paz, ánimo y fortaleza. Si es el enemigo, sentirás miedo, incertidumbre y debilidad. Y si es la voz de tu mente o sark (término de Canaán) primará tu satisfacción, tu ego y tu orgullo.

Es importante cambiar las mentiras que el enemigo nos ha dicho desde que somos pequeños, por las verdades que Dios nos ha hablado en la Palabra de Dios, ya que desarrollar una intimidad con Dios será lo que te dé un resultado final en el proceso de restauración. Dios está ahí todo el tiempo y no podemos dejar de escucharlo; para hacer Su voluntad necesitamos transformar el corazón y recibir el diseño que Dios hizo para nosotros y dejar que Él llene con Su amor los vacíos que tenemos y que seguramente hemos llenado con otras cosas.

Normalmente buscamos las respuestas en cualquier otra parte, nuestros anhelos se vuelven una tortura porque creemos que la solución está en cualquier otra cosa excepto Dios, y no entendemos que lo importante es buscar el amor de Dios y creer que Él es nuestro Padre y que Él dará solución a cada uno de nuestros dolores, emociones y sentimientos. Dios puede cambiar en nuestras vidas cualquier cosa que nosotros le permitamos.

Para que esto suceda realmente en nuestra vida, necesitamos buscar un tiempo con Dios, preferiblemente temprano en la mañana apartar un tiempo devocional y crear un aposento como hizo la Tsunamita. Ella construyó un lugar donde podía llegar el hombre de Dios Eliseo, el ungido de Dios; y así nosotros debemos crear un aposento para que llegue la presencia de nuestro Padre celestial, un lugar donde podamos conectarnos con el Espíritu Santo de Dios y de este modo poner tener una comunión con Él. Es importante cada mañana antes de que comiencen nuestras actividades, tener quietud como dice en el salmo 46:10. En este versículo se nos sugiere que para reconocer a Dios hay que estar quietos, porque si estamos en medio de nuestras labores diarias no podremos encontrar respuestas en Dios.

Primeramente, debemos manifestar nuestra gratitud a Él por todo lo bueno que ha sido con nosotros, porque independientemente de que muchas veces no puedas ver lo que Él ha hecho en tu vida, Dios ha sido bueno y te ha traído hasta aquí con salud, con gracia y favor.

Además, podemos confesar nuestros pecados y pedirle a Dios perdón por ellos. Puedes buscar la revelación de Dios acerca de tus pecados ocultos y luego hacer silencio, escuchar Su voz por un rato y escribir las respuestas. Trata de ser obediente para que Dios pueda hacer la completa obra en ti. Perdonar a Dios también es invaluable en este proceso, porque infinidad de veces culpamos a Dios por todo lo que nos pasa, al no entender cómo funciona el amor de Dios hacia nosotros, y erróneamente también creer que las consecuencias de nuestras acciones son decisión de Dios. También el perdón hacia nosotros mismos, por todo lo que nos hemos equivocado y lo que hemos cargado en nuestras espaldas. Yo era implacable con los errores y no me permitía equivocarme y cuando lo hacía, literal quería azotarme. Era muy cruel conmigo misma. Tampoco confiaba lo suficiente en Dios como para sentir Su amor incondicional a pesar de mis errores.

Dios va a hablar a tu vida de una manera inimaginable, te puede hablar por "rhema", son palabras que vienen a tu alma, a tu espíritu, a tu conciencia, palabras bíblicas donde Dios te dice exactamente muchas veces lo que debes hacer con tu situación, con tu pecado o con tu problema, e incluso a través de un mensajero de Dios.

Debo resaltar la importancia de tener a la mano la Palabra de Dios que es la Biblia; leer todos y cada uno de tus días la Palabra de Dios hará que acumules y conserves la información que hay en ella. Cuando tú la retienes, cuando tú la conoces, entonces te da autoridad y con ella puedes hacer frente a las artimañas del enemigo.

Descubrí en este proceso que nuestras reacciones son síntomas, producto de adicciones, y nuestros mecanismos de defensa a estas adicciones son nuestros comportamientos (la ira, las drogas, comportamientos abusivos, comportamientos evasivos).

Así que en este proceso pude entender estos mecanismos de defensa como síntomas, y logré identificar qué era lo que estaba doliendo dentro de mí.

Tuve la oportunidad de ir sustituyendo las mentiras del enemigo que había creído durante largos años y que se habían convertido en un sistema de creencias, fortalezas y comportamientos; las cambié cuando traje la verdad de Dios a mi vida, cuando llegó la esperanza y la anhelada sanidad del alma, así como la abolición de ese dolor que inconscientemente me estaba motivando a tener adicciones, una de ellas era la ira.

En la Biblia habla sobre identificar pensamientos, sentimientos y recuerdos dolorosos que se originan de la herida; y de algún modo enfrentar los temores es dar pasos de fe para una restauración personal. La única manera para erradicar el problema de estar dando esos síntomas o esos malos frutos de los que se habla en la Biblia en Mateo 15.13, que no son del agrado de Dios, será encontrando la raíz del problema y arrancando de raíz todo árbol que Dios no ha plantado, arrancando todo lo negativo de tu corazón y comenzando a sanar esa herida; así podrás erradicar esos malos frutos que son tus malos comportamientos que fluyen desde tu corazón.

Pero sólo Dios es el único que podrá entrar en tu corazón y desarraigar toda raíz de amargura, temor, culpa y vergüenza que te lleva a comportarte de esa manera. Es una promesa de Dios que Él va a arrancar todo eso de raíz.

Podrás querer hacer tu mayor esfuerzo para cambiar tu comportamiento, pero si no cambia lo que hay en tu corazón, no hay resultados, mientras tengas ese dolor en tu corazón solamente vas a tener la tendencia de encontrar situaciones adictivas que te van a anestesiar ese dolor, pero no lo van a arrancar de raíz.

ACTIVIDAD

1. Identifica tu trauma TIPO A

2. Identifica tu TRAUMA TIPO B

3. Identifica quiénes te han herido y a quiénes debes perdonar. (tú mismo puedes estar incluido, incluso Dios, si te has enojado con Él en algún momento)

EL DOLOR A CAUSA DE
LOS TRAUMAS

CAPÍTULO
3

EL DOLOR A CAUSA DE LOS TRAUMAS

Fuimos diseñados para amar y ser amados. Cuando nos niegan el amor, somos lanzados al ciclo del dolor. Si permanece un déficit de amor, aunque estés haciendo el proceso de restauración, continúas en el ciclo del dolor, y como sigues teniendo ese vacío, entonces permaneces con la necesidad de ser amado.

Debes recibir, atesorar y apropiarte del amor de Dios mostrando frutos sin mendigar amor, sin anestesiar el dolor, sin controlar, sin agradar a los demás y sin manipular. Para recibir el amor de Dios debes renunciar a esos amantes, que son estos frutos negativos de este déficit de amor, debes renunciar a la idolatría, a cosas o personas. "Si estás lleno de Dios no tienes hambre, eso se nota. Debes desistir de beber de las copas vacías de los demás y beber del amor de Dios."

Yo recibí lo opuesto al amor... recibí el rechazo por parte de mis padres cuando me gritaron o pegaron en algún momento, cuando no me dieron la atención, el amor y la aceptación incondicional y valoración que necesitaba; definitivamente fui lanzada a ese ciclo del dolor, mendigando amor, manipulando o controlando a mis ex parejas, incluso llegando a idolatrar a alguno de ellos.

Ante todo, quiero que sepas que tenemos que abrazar ese dolor, que es sólo un sensor que nos alerta que algo no está bien.

¿Cómo funciona el dolor?

DEFICIT DE AMOR-HERIDA DE RECHAZO

Crea FORTALEZAS-CREENCIAS, te lleva al PECADO Y DESOBEDIENCIA, caes más profundo en TINIEBLAS, si persiste, hace entrada la OPRESION DEMONIACA.

DEFICIT DE AMOR – RECHAZO

Es concluir que no te amaron o que nadie te ama, es un rechazo producto de la ausencia de amor y aceptación. La negación del amor y de la aceptación son dos de las heridas más dolorosas y crueles.

Aprendí que el amor es la fuerza positiva más poderosa que existe y eso lo sabía, pero no sabía que el rechazo es la fuerza destructiva más poderosa que existe. El amor es capaz de sanar. El rechazo es capaz de producir muerte, derribar, enfermar... el rechazo destruye la vida del otro.

Cuando la atención es dirigida hacia algo o alguien, sientes que no vales nada o que no sirves. No es fácil poner la palabra rechazo en tu historia, pero la verdad es que muchos lo hemos experimentado desde tempranas edades, incluso desde el vientre de nuestras madres. Puede ser por haber sido concebido muy temprano después del matrimonio, por una concepción muy cercana al nacimiento de un hijo anterior, por dificultades financieras, temor al fracaso, conflictos entre futuros padres, idea o intento de aborto.

Bloqueamos y olvidamos todos estos actos de rechazo para protegernos. Dios me reveló durante mi proceso la mirada de rechazo proveniente de mi madre cuando se enojaba conmigo; ella me amaba, pero también tenía sus vacíos emocionales y no podía dar lo que no tenía. No puedes dar amor, si no recibiste amor. La desconexión emocional con mi mamá me produjo un fuerte y profundo dolor, así que me esforzaba al máximo en cada una de mis relaciones de pareja, buscando llenar momentáneamente, esa carencia de conexión. Todo esto me llevó a desarrollar adicciones como la ira, lo cual desencadenó culpa, vergüenza, enojo y temores.

Dios nos diseñó de una manera que no podemos funcionar sin Amor. El amor es el ingrediente principal para desarrollarnos como personas y seres humanos y para lograr cumplir nuestro propósito en la vida. Dios nos creó para amar y ser amados.

De la misma manera como yo sentí en mi infancia - revelado por el Espíritu Santo - decepción y rechazo por parte de mis padres, ellos también tenían ese vacío, tampoco habían recibido amor. En mi caso, la reacción fue comportarme de una manera que me permitía evitar el rechazo y comprar el amor y la aceptación. Éstas y otras revelaciones con respecto al rechazo llegaron a mi vida durante este proceso y me hacían sentir que no era suficiente.

Fui una de esas personas que traduce la corrección como rechazo, incluyendo críticas constructivas, observaciones, sugerencias, al punto de sentirme devastada cuando mis padres intentaron corregirme.

La Palabra de Dios nos enseña que debemos ser disciplinados y el que ama a sus hijos debe disciplinarlos, pero la disciplina debe hacerse con amor, asegurándonos que demostramos amor y que la otra persona no tenga duda de ese amor e intenciones; por mi parte, yo me sentí muy rechazada cuando mi madre me corregía o disciplinaba con ira. Por eso estuve muchos años sintiéndome amenazada y rechazada ante cualquier cosa que pareciera corrección, porque para mí significa abuso. Los maltratos físicos y las palabras descalificantes destruyen. La herida del rechazo se demuestra con temor al rechazo o más rechazo, y auto rechazo.

Dentro de las características del temor al rechazo está el enojo, la ira, dureza, amargura, rebeldía, perfeccionismo, murallas impenetrables, rechazar a otros primero, crear dramas y conflictos, complacencia. Y todas ellas me aplicaban.

Dentro de las emociones negativas del auto rechazo está, la culpa, auto lástima, desesperación, depresión, aislamiento, suicidio. Todas estas características estaban en mí, excepto suicidio, pero definitivamente la corrección errónea y esa manera iracunda de mi madre al corregirme, me hizo sentir rechazada y de algún modo todos intentamos recobrar el amor, la afirmación y la aceptación que nunca tuvimos.

Aunque mis padres no se propusieron esto como un rechazo, entre otras cosas, ellos tampoco fueron enseñados, amados, y también fueron rechazados y maltratados, pero yo en mi mente de niña interpreté aquellos maltratos como rechazo. Aunque definitivamente no son acciones justificables y es una forma de abuso, yo siempre me sentí desechada. Cuanto dolor sentía mi corazón, lo recuerdo desde niña. Esto me hizo víctima de abuso verbal y físico.

Las personas rechazadas pueden ser mayormente agresivas o mayormente pasivas, puede ser que sean personas muy críticas y con justicia propia. Una manera de manejar el temor al rechazo es menospreciando a otros y volviéndonos jueces dominados por el enojo y el resentimiento. Por otro lado, el auto rechazo exhibe una personalidad generalmente pasiva, debilitada y abatida. Estas personas están más propensas al suicidio.

El rechazo produce frutos y dentro de ellos está la incapacidad de recibir amor y dar amor a otros, inseguridad, aislamiento, sospecha, celos y envidia, rebeldía, inferioridad, temor al fracaso, temor al hombre, temor al rechazo, religión, auto rechazo, fantasías y adicciones.

Sentí abandono durante toda mi vida ya que mis padres nunca se casaron y mi padre fue siempre una figura ausente, no proveedor, y mi herida se hacía evidente hasta cuando me dejaban en la escuela un sábado porque mi mamá tenía que trabajar. Ella tenía que hacerlo para proveer, pero en mi mente interpretaba que no me amaba lo suficiente para quedarse conmigo. Y esto me hizo víctima de las circunstancias.

Recuerdo ahora entonces que debemos recibir la misericordia de Dios por nuestros pecados y así mismo entregarla a nuestros padres ya que ellos también fueron víctimas de rechazos y abusos.

Muchas personas han crecido con las barreras de no poder reconocer el pecado de sus padres porque creen que esto es una forma de deshonrarlos, han convertido sus padres en ídolos, y es una manifestación de la religiosidad. Todo esto es una estrategia de satanás disfrazada de nobleza para que haya hijos atados y condenados a repetir la misma historia.

Cada vez que hubo dolor que no fue perdonado, se hizo juicio. Así que cuando fuimos ofendidos por nuestros padres y no los perdonamos, los juzgamos en nuestro corazón, caemos en ese pecado y como **"boomerang"** vuelve a nosotros. Yo levanté muchos juicios contra mi madre criticándola como jueza por su comportamiento hacia mí y mis carencias emocionales no suplidas. También la estrategia del enemigo es que las personas no reconozcan las heridas, que nieguen la disfunción, entonces pueden repetir la historia. Cuando no aceptamos el pecado de nuestros padres, lo maquillamos y así creemos que somos muy espirituales. Sin embargo, es necesario ponerle nombre al pecado de nuestros padres y perdonarlos, y tener misericordia con ellos. El perdón es un regalo de Dios que nos permite ser libres.

La máxima y más explícita expresión de rechazo que puede darse es el abandono. En el lenguaje de los adictos es muy común escuchar yo te amo, pero me tengo que ir. Esto crea tremenda confusión mental y emocional, ya que el rechazo es lo contrario al amor. Es como tirarte a la basura, hacerte sentir que no eres suficiente, que no eres digno de amor. Y definitivamente así me sentí por muchísimos años sin encontrar la razón de este sentimiento de abandono.

FORTALEZAS

- Es una estructura de pensamientos, argumentos con los que justificamos lo que hacemos. Comportamientos adictivos.
- Colección de pensamientos negativos que te hacen creer las mentiras con respecto a lo que Dios ha dicho sobre nosotros.

Si existen áreas en sus vidas en las que no hay paz, allí hay una fortaleza. Dentro de las características de las fortalezas está la influencia de los pensamientos negativos, la influencia en la manera como respondemos a la verdad acerca del carácter de Dios. La voz apacible de Dios te dice que va a proveer y cuidar tu familia, pero tu fortaleza te grita que tu familia va a pasar necesidades y que estarás desamparada.

Otra característica es que pueden abrir las puertas al reino de las tinieblas y le dan autoridad para que influencien nuestras mentes, voluntad, emociones y personalidad. Las fortalezas protegen y defienden el andar en la carne de una persona, tienen un núcleo interno de control que producen pensamientos negativos con el propósito de bloquear el fluir del amor, recibir y dar amor, moldeando la manera como valoramos y tratamos a los demás.

Existe un proceso de liberación de las fortalezas, dentro de ellas está la renovación de la mente y posicionar el corazón para recibir el amor incondicional de Dios. Las fortalezas son desarrolladas en los primeros cinco años de vida.

Existe también una teoría de sistema de creencias, que es nuestro manual de instrucciones personal. El lente a través del cual vemos la vida e interpretamos la realidad. Dependiendo de las creencias anteriormente instaladas en nosotros, del entorno y de las circunstancias que vivimos, cada persona responde positiva o negativamente de acuerdo a la experiencia y la manera en que recibieron cada situación.

Existen varios tipos de creencias:

- Con respecto a nuestra identidad
- Sobre nuestra capacidad
- Acerca de las posibilidades
- Acerca de si merezco o no
- Con respecto a los demás
- A nivel relacional
- A nivel profesional
- Con respecto a Dios

Las creencias tienen sus características, pueden ser relativas, están asociadas a emociones o sentimientos, nos potencia o limitan, demandan lealtad, son poderosas. Es una bendición poner en duda y cuestionar nuestro sistema de creencias porque muy seguramente está errado.

PECADO Y DESOBEDIENCIA

El pecado es lo que utilizamos para anestesiar esos dolores, esos vacíos producto de la ausencia de amor, que fue interpretado en el rechazo. Cada vez que intentamos llenar esos vacíos por la ausencia de amor en lugar del amor de Dios, estamos pecando. Caemos en las mentiras del enemigo: idolatría, control y manipulación; todo esto era parte de mi vida y no sabía que era pecado.

- Estilo de vida pecaminoso, adicciones a drogas, alcohol, ira, sexo e idolatría, religiosidad, juicios, y control.

- Culpa: Es sentirme mal por lo que hice. Culpa es pecado.
- Condenación: Condenación y culpa son dos de los dolores más fuertes.
- Juicio: Es uno de nuestros más grandes pecados, ya que si no perdonamos enjuiciamos, criticamos, condenamos, y no tenemos misericordia. Al hacer juicio contra alguien inmediatamente pecamos contra Dios, usurpando un lugar que no nos corresponde porque Él es el juez. Nos negamos a dar la misericordia que siempre pedimos a Dios para nosotros. Siempre seremos condenados con lo mismo que juzgamos, cada juicio que lanzamos genera una raíz de amargura dentro de nuestro corazón. Ninguna persona tiene el derecho de juzgar a los demás y no entiende ni de la gravedad de su pecado, ni de sus juicios.

Una gran revelación también dentro de este tema es que cada vez que una persona nos hiere tenemos dos opciones, o perdonar, o juzgar. Los juicios siempre son motivados por un corazón herido.

Cuando juzgamos hacemos un voto sobre ese juicio tratando de no hacer lo mismo que juzgamos, sin embargo, terminamos precisamente haciendo lo que hemos juzgado. Aquí aplica la ley de la siembra y la cosecha, todo lo que juzguemos eso mismo recogeremos, si sembramos juicio, eso recogeremos. Esto es una ley espiritual, nos convertimos en lo que juzgamos.

- El pecado sexual, que incluye fornicación y adulterio, nos lleva a consecuencias funestas como ataduras demoníacas.

TINIEBLAS

El déficit de amor nos lleva a crear fortalezas y cuando tenemos un sistema de fortalezas errado y lleno de mentiras, nos conduce al pecado y esto abre definitivamente las puertas a las tinieblas y luego a opresiones demoníacas.

Las tinieblas es el estado moral en el que escondemos cosas, tenemos secretos y cedemos terreno al enemigo para que haga lo que quiera en nuestras vidas.

Vivir en tinieblas es el medio que el enemigo usa para traficar con nuestras vidas (vivir para agradar a otros, controlar, manipular, juzgar, no perdonar, tener pensamientos y deseos de venganza, sentir orgullo, soberbia, ser desobediente, tomar decisiones sin tener a Dios en cuenta, sentir envidia, ser codicioso, idolatrar a algo o alguien, hacer que otros dependan de ti, dar consejos no solicitados, utilizar la Biblia con fines egoístas, destruir con palabras el espíritu de alguien, apagar la luz en la vida de otros a través de la ira y la agresividad pasiva, postergar, mentir, la pereza, pudiendo hacerlo bueno decidir hacer lo malo como hacer egoísta, aceptar y disfrutar el chisme, no decirle a tu esposa o esposo que hay alguien que te gusta, no contarle a nadie tus problemas financieros o de juegos)

Las relaciones no basadas en amor, están basadas en lujuria. Cualquier relación familiar, laboral, ministerial o amistosa, cuyo objetivo sea usar al otro para beneficio propio, es lujuria.

Cuando somos bebés, satanás no nos puede atacar porque el amor y la cobertura de nuestros padres nos protege, sin embargo, sin dicho amor, desde ese momento estamos expuestos a ataques satánicos. Si no contamos con esa cobertura nos encontramos mendigando amor y aceptación, significa que estamos desprotegidos y vulnerables de la influencia de doctrinas, relaciones tóxicas, control, manipulación e idolatría.

Dentro de este proceso también es importante analizar los vínculos del alma, los cuales también fueron aprobados por Dios por la unión de las personas a través del amor incondicional y reflexivo, pero es un amor donde sólo se tiene en cuenta el bien de la persona amada. Hay buenos vínculos, como vínculos de buena amistad entre padres e hijos y entre cristianos.

Sin embargo hay relaciones que el enemigo levanta como sustitutos falsos que son una maldición, son ataduras. Por ejemplo existen ataduras demoníacas basadas en vínculos demoniacos del alma y en pasiones. Un vínculo sano puede llegar a convertirse en una atadura, por ejemplo una amistad donde comienza a ver control y manipulación, un matrimonio donde abren las puertas a la adicción, una sociedad de negocios donde una de las partes se desvía de lo que es correcto, una relación con un líder espiritual que comienza a abusar de su autoridad, entre otros.

Las tinieblas traen consecuencias a tu vida, como aislamiento, esclavitud, una vida vacía y sin frutos, agotamiento.

Debes estar consiente que caes en tinieblas cuando abres la puerta de tu vida a la falta de perdón, orgullo, desobediencia a Dios, control, manipulación, mentiras, cuando compras el amor. Cuando una persona necesita que lo necesiten, y está para ti a cualquier hora, está comprando el amor y esto es tinieblas. Las tinieblas nos llevan a la opresión demoniaca.

Debes renunciar a la desobediencia y al pecado, son estrategias del enemigo para esclavizarte y debilitar tu fe en Dios.

OPRESION DEMONIACA

En una vida donde hay tinieblas, hay puertas abiertas y los demonios tienen autoridad para entrar, traficar y causar estragos en esa vida.

Una persona puede recibir liberación, pero necesita estar genuinamente arrepentida y dejar de pecar; porque si vuelve al pecado, será nuevamente oprimido por los demonios.

ACTIVIDAD

Identifica tu dolor, las fortalezas-creencias construidas y tus pecados, tu tiniebla u opresión demoniaca.

REFUGIOS DE DOLOR
(ADICCIONES)

CAPÍTULO
4

REFUGIOS DE DOLOR (ADICCIONES)

Tendemos a refugiarnos del dolor con las adicciones.

¿Qué es una adicción?

Adicción es la repetición de un comportamiento dañino a pesar de las consecuencias negativas. Adicción es la pérdida de control. Básicamente todas las personas tienen adicción a algo desde la cafeína, cocaína, azúcar, heroína, la ansiedad y hasta la ira. Estos los utilizamos como mecanismos de defensa para lidiar con situaciones difíciles de nuestra vida, pero ciertamente estas sustancias solamente nos ayudan a escapar momentáneamente de la realidad dolorosa que temo enfrentar.

Sustancias adictivas

- Alcohol.
- Droga.
- Nicotina.
- Cafeína.
- Comida.

Comportamientos adictivos

- Sexo
- Trabajo
- Juego
- Compras
- Ira

Hablaré sobre algunas de las adicciones con las que me pude identificar y una de ellas era la adicción al trabajo o trabajólicos.

A pesar que la adicción al trabajo no cumple con la definición clínica de adicción, de acuerdo con la asociación americana de psiquiatría, no debería significar que el comportamiento sea diferente a otros desórdenes compulsivos, de hecho, la adicción al trabajo realmente es la manifestación de problemas emocionales y psicológicos que pueden no ser evidentes.

Síntomas de adicción al trabajo o a los logros

- Búsqueda de aprobación que justifica su existencia y es un medio para lograr la aprobación de los demás.
- Baja autoestima, cree que esforzarse en su trabajo le hará ganar la admiración de los demás.
- Problemas de control, evita enfrentar las incertidumbres de la vida y trata de conseguir algún tipo de control sobre lo incontrolable.
- Problemas con la autoridad, propensión a sucumbir ante las figuras de autoridad en búsqueda de su aprobación, aunque esto signifique rendirse o rebajarse.
- Perfeccionismo, tiende a exigirse a él mismo de manera irracional.

- Escapismo, la forma de escapar al tener que lidiar con sus emociones reales.
- Preocupación con el trabajo, se trabaja excesivamente y afecta su propia salud y sus relaciones.
- Mentiras, en el trabajo puede mentir acerca de sus éxitos, fracasos y exagera o minimiza de acuerdo a su necesidad.

Aunque no todos estos síntomas de adicción al trabajo eran parte de mi vida, con alguno de ellos me identifiqué, así que concluí que también era una adicta al trabajo. No se trata de no desear trabajar y lograr tus metas, se trata del corazón con el que decides hacerlo y la intención errada.

La otra adicción que identifiqué en mi vida y en mi corazón fue la ira, una adicción que siempre había estado presente en mi desde niña, así que atribuía mi ira a mi carácter desde el nacimiento, pero no sabía que desde el vientre de nuestra madre percibimos todo lo que ocurre afuera, en torno a nosotros, y que desde entonces podemos percibir el rechazo; sin embargo, no sabía que era una adicción y el rol de la ira neurológicamente es anestesiar el dolor.

Según revelaciones de Jaime y Liliana García en su libro "Hay esperanza", cuando la droga entra en el cuerpo del ser humano se producen alteraciones en el estado de ánimo que ocurren porque en el cerebro se está estimulando la producción de cierto tipo de neurotransmisores. De la misma manera, cuando hay ira se estimula la producción del mismo tipo de neurotransmisor que estimula la cocaína. ¡Wow! la única diferencia es que con la ira, la estimulación es producida por el mismo cuerpo. Esto fue algo que me dejó sumamente impactada. Así que, si sustancias como la cocaína y la heroína sirven para apagar el dolor, para mí fue la ira.

Este aspecto fue fundamental en el diagnóstico, en mi proceso de restauración. Esa ira que sentía, eran mis gritos y reacciones inconscientes al rechazo recibido por mis padres, al abandono y no presencia de la figura paterna, a la falta de amor, aceptación incondicional, y falta de valoración, especialmente de parte de mis padres y personas que colaboraron con mi educación de niña, como mi abuela materna. Esa ira y ese enojo se reactivaban cada vez que yo chocaba con algo que irritara mi herida de la infancia, cuando me enfrentaba a cualquier cosa que se pareciera al rechazo. Usualmente esas reacciones las justificamos hasta que descubrimos su verdadera raíz.

Hay un tipo de ira que es justo de la manera como Dios la diseñó, ella te da la valentía para pelear y vencer la injusticia. Como cuando estás en peligro, cuando tienes situaciones en las que tienes que defenderte, esa clase de ira te ayuda a vencer el temor de la propia insuficiencia para evitar heridas mayores.

Pero en otros casos, cuando es adicción, el rol fundamental de la ira es anestesiar el temor a la crítica, al rechazo, al abandono, a la falta de respeto, a la vergüenza al ser expuesto y especialmente el temor a la intimidad. Reaccionar automáticamente a estas emociones con ira es lo que continuamente se conoce como "los botones" descritos por Jaime García y Liliana Merlano.

Otra adicción que pude identificar en mi vida es adicción al adicto. Este comportamiento consiste en tratar obsesivamente de cambiar a otra persona, en vivir enfocado en tratar de hacer feliz o evitar la infelicidad de esa persona. Este comportamiento se llama codependencia, en este caso la persona es adicta al adicto. Esto es una enfermedad y definiéndola en una sola palabra sería - control -.

Este hallazgo fue revelador e impactante para mí, descubrí que estaba enferma de codependencia y por eso sentía que tenía la necesidad de controlar, cambiar o hacer feliz a todas mis parejas.

Muy profundo en el corazón del codependiente está su gran problema, que es la incapacidad de confiar en Dios o en alguien. No puede creer en las promesas de Dios, ni en Su poder ni en Su bondad y vive frustrado porque está jugando a ser Dios.

La CODEPENDENCIA, adicción al adicto, es un comportamiento que consume personas, emociones, comida, compras, ocupaciones, ira, deportes, actividades en la iglesia, dinero y sexo. Codependencia en un esfuerzo por llenar un vacío emocional que duele demasiado. Así que el codependiente pierde la identidad de autenticidad. Es un patrón destructivo en la forma de relacionarse con otros. También actúa como un colchón para otros. El codependiente se muestra altruista, pero la realidad es que es egoísta como el adicto. Todo lo que hace en el fondo es motivación para llenar sus propios vacíos y evitar la vergüenza pública, el dolor, la pérdida.

Algunas de las características del codependiente es siempre estar en guardia todo el tiempo, tener baja autoestima, obsesión, control, negación, dependencia, comunicación pobre, límites muy débiles o ausentes, incapacidad de confiar, la ira, problemas sexuales, extremista con respecto a la responsabilidades y mártir.

Qué difícil fue reconocer que era adicta al adicto, que era una codependiente. Todas estas características eran parte de mi vida, me sentía la salvadora de mis parejas, sentía que tenía que ayudarlos a crecer, a salir adelante, a lograr sus sueños y sus metas y de paso los manipulaba para que no me abandonaran, definitivamente me sentía una mártir. Necesitaba mantener perfección ante el público, no podía sentir vergüenza. En parte esto se reflejaba también en el modo como dañaba a otros en mi afán perfeccionista, exigiendo rigurosos estándares a mis ex parejas y a mi hija, porque sencillamente yo tenía que verme bien ante la gente. Con una máscara de buena, salvadora y perfecta, controladora, hice mucho daño pero también permití a otros dañarme.

Si experimentaba una separación o fin de la relación, para mí era lo peor, porque significaba fracaso total. Intentaba a toda costa mantener la relación, funcionara o no, ya que dentro de mis creencias era muy importante casarme con un solo hombre y nunca divorciarme, o sea lo opuesto a lo que hizo mi mamá.

Y me vino... lo que temí.

Cuando juzgas haces votos automáticamente para no hacerlo, pero eso funciona como **"boomerang"** a lo que haces juicio, lo vas a atraer, y por tanto te vas a comportar de la misma manera. Esto fue una revelación de impacto.

En esta enfermedad progresiva puedes perder el control sobre tu rutina diaria, caer en letargo, aislamiento, depresión profunda, puedes descuidar a los hijos, puedes abusarlos, descuidar las responsabilidades, llegar a sentirse sin esperanza, atrapado, puedes ser violento, suicida, gravemente enfermo emocional mental y físico, tener desórdenes alimenticios y/o ser adicto a las drogas, al alcohol o al sexo.

Existen factores que facilitan el desarrollo de la CODEPENDENCIA:

Entrar en relaciones personales y profesionales con personas adictas, o con personas altamente irresponsables; haber sido obligado a adoptar reglas silenciosas en una familia disfuncional, estar en contacto con adictos en recuperación, tener una falsa interpretación del cristianismo/religión o haber nacido en un gobierno abusivo y represivo puede traer como consecuencia que culturas enteras se afecten por la CODEPENDENCIA.

Cuando leí esta parte también fue impactante para mí porque definitivamente venir de un país comunista que impone reglas absurdas a sus ciudadanos y te convierte en una marioneta sin voz, eso también influye convirtiendo a la persona en codependiente.

Te revelaré algunas de las características de las adicciones que Jaime García y Liliana Melano mencionan en uno de sus libros:

1. **Abuso compulsivo:** El adicto es capaz de determinar cuándo va a comenzar a consumir su droga, pero no cuando va a detenerse. La persona pierde por completo el control de sí mismo. Comienza a consumir sus drogas como alcohol, pornografía, sexo, trabajo, ira. Empieza a experimentar el sentimiento de euforia, pierde su fuerza de voluntad. Siente un impulso racional que lo lleva a seguir utilizando la sustancia o comportamiento que altera el ánimo. El problema se repite a pesar de los efectos dañinos evidentes.
2. **Negación y proyección:** El adicto se convierte en un experto en el arte de negar sus propios problemas, culpando a todos, menos a sí mismo. Es un mecanismo de defensa que le sirve para protegerse de sus temores y evadir la realidad.

3. **La proyección:** es el proceso de descargar sobre los demás el odio que siente hacia sí mismo, es un mecanismo de defensa que le ayuda a protegerse de cualquier cosa que le produzca temor. Por lo anterior, un adicto pudiera decir "si es verdad que bebo mucho, pero tú también beberías si tu mujer fuera como mi mujer." La proyección le permite culpar de sus problemas a todos los demás sin aceptar nunca la responsabilidad de su adicción. La negación dice yo no tengo ningún problema. La proyección dice tú eres mi problema.
4. **Tolerancia:** El nivel de tolerancia de cada adicto aumentará con el tiempo, siempre va a necesitar más.
5. **Separación de Dios:** El adicto pierde toda fe que pudo tener en Dios antes de caer en la adicción, a través de comportamientos egocéntricos e infantiles le vuelve la espalda a Dios, se reconoce a sí mismo como la autoridad máxima, se convierte en su propio Dios. La adicción va empeorando progresivamente, por ello la moralidad y la santidad ya no le importa, por lo que empieza a perder sus valores y principios, la doble moral ahora es su norma, sus valores espirituales y morales sufren un deterioro.
6. **Aislamiento de sí mismo:** Antes de comenzar con la adicción, el adicto ya tenía problemas de baja autoestima, vergüenza, sentimiento de culpa, miedo, soledad; y la manera que reaccionaba frente al dolor, era aislándose porque de este modo anestesiaba su dolor,

hecho que desafortunadamente era solo temporal. La adicción te lleva a una guerra por mantenerte apartado, mientras que la negación y la proyección te sirven para convencerte de que estás bien y que todos los demás están mal, estas conductas te darán una visión totalmente distorsionada de ti mismo.

Aislamiento de los seres queridos: A través de los años el adicto levanta muros de defensa a su alrededor, son como capas de cebolla, así lo refieren en **«Canaán Church»**, éstas le sirven para protegerse de todo lo que está afuera y consideran que es su problema, por lo tanto, el adicto se mete en una isla, explota todos los puentes que dan acceso a ella y sólo sale cuando quiere algo. Los problemas que controlan su vida, le llevan a comportarse de manera extraña y le causa una ruptura en las relaciones con su familia y amigos. Las personas que más amaba y apreciaba fueron las que empujó más lejos. Así que aceptar esta realidad es el primer paso para la sanidad.

ACTIVIDAD

Identifica tus adicciones (sustancias adictivas o comportamientos adictivos), sé transparente.

HOGARES DISFUNCIONALES

CAPÍTULO
5

HOGARES DISFUNCIONALES

Una familia disfuncional no es solo la que se forma de personas que tienen heridas que se vienen arrastrando de generación en generación, sino también por parte de un sistema de creencias; las personas se convierten en codependientes y viven con reglas de vida enfermas que dificultan la resolución de conflictos. Estas reglas causan daños incalculables y logran infringir castigos en el alma de la persona durante toda la vida.

Como ya había comentado, yo venía de una familia disfuncional, y cuando leí cada una de las características y de los daños que ocasionaba provenir de una familia disfuncional, fue otra gran revelación para mí, entendí que todo lo que yo sentía y sufría era consecuencia de la disfuncionalidad familiar de donde procedía y a la falta de ese amor incondicional que todos necesitamos. Todo ese entorno había lacerado mi alma y afectado mi capacidad para relacionarme y confiar en otros, en mí misma, y todo esto facilitó que yo bloqueara mis sentimientos siendo la causa del fracaso en mis relaciones sentimentales.

Dentro de los daños por disfuncionalidad familiar se encuentran:

- Obstaculizan el desarrollo emocional, psicológico, conductual y espiritual.

- Destruyen la habilidad natural de la persona para establecer relaciones saludables.
- Incapacitan a la persona para confiar en Dios, en otros o en ella misma.
- Niegan o reprimen el verdadero ser.
- Establecen erróneamente que el amor, la aceptación, la seguridad, el éxito, y aún la salvación, dependen de la habilidad de cada uno de ellos de hacer lo correcto o de cumplir reglas.

Familias disfuncionales implantan a sus miembros reglas que desarrollan conductas inadecuadas, que producen ese rechazo, abandono, y falta de respaldo familiar.

Según Jaime y Liliana existen Reglas que se imponen:

1. **No está bien hablar acerca de los problemas.** Una familia sana enfrenta sus problemas y desafíos, busca ayuda cada vez que es necesario y los resuelve.
2. **Está prohibido expresar los sentimientos abiertamente.** Hay que caminar sobre cáscaras de huevos si no vienen explosiones y estallidos de ira o furia por las cosas realmente simples. Se prohíbe expresar las emociones, por eso pueden existir tantos cristianos que quieren imponer sobre personas deprimidas o que están luchando con temores, que tienen que estar felices y llenos de paz porque "ahora

son cristianos" o porque están en la iglesia, especialmente si están sirviendo. Te dicen... ¡no puedes estar triste, Cristo te ama y no puedes tener sentimientos negativos de tristeza!, es verdad, pero las verdades a medias destruyen.

Si es necesario quedarte un año perdonando, ¡hazlo! hasta que lo superes, pero siempre tratar de que sea en el menor tiempo.

No tienes que sonreír para que Cristo te ame. Vas a salir de esa tristeza, con oraciones, pocas o muchas, pero saldrás. Hay tiempo para todo dice la Palabra de Dios. Si eres sentimental está bien, a Dios le gusta que te puedas expresar.

Por esto los hijos de una familia disfuncional tienen impresión de qué han sido pisoteados. A temprana edad el niño aprende a no confiar en lo que siente, el niño está obligado a creer que lo que siente es equivocado y a aceptar como normales los cuadros patéticos que observa en su casa. Aprende a bloquear sus sentimientos, a protegerse y proteger a los que ama, cambia su percepción de lo que está bien o mal.

Este era mi caso, tal vez muchas veces me dijeron, no llores cuando me sentía mal, no puedes enojarte, etc... y eso me llevo a reprimir mis sentimientos y avergonzarme de ellos, sin entender que son totalmente normales, solo hay que aprender a canalizarlos.

Por eso muchos hoy ríen cuando realmente quieren llorar, no conocen la palabra "límite" ni tampoco la palabra "no".

Las familias disfuncionales no creen, no aceptan, no entienden ni respetan sus propios sentimientos de alerta, de peligro, por tanto, permanecen en relaciones dañinas y enfermas. Esta mutilación emocional llega a ser tal, que la persona ya no sabe ni quién es. Y sufre de insomnio, angustia y ansiedad de manera desproporcionada. Es fundamental poder expresar nuestros sentimientos.

3. **Aquí no se discute directamente,** así que cargarán con parte o toda la culpa del fracaso del matrimonio de los padres. Sentirán vergüenza al fracaso y culpa y esto producirá tendencia a querer arreglar los problemas de los demás, aparentando siempre que todo está perfecto. El temor al fracaso es el perfeccionismo.

   La persona que busca la excelencia disfruta el resultado de su mejor esfuerzo, disfruta de sus logros y aprende de sus errores. El perfeccionista no puede disfrutar de lo que sí hace bien, se enfoca siempre en no cometer errores y no puede perdonarse.

Esto fue una revelación para mí, porque ser perfeccionista según mi criterio era una cualidad positiva, pero Dios me reveló, que era fruto de la disfunción proveniente de mi familia disfuncional.

El perfeccionismo es un gran destructor de la autoestima. Inconscientemente damos para recibir y somos complacientes. Jugamos a hacer la obra de Dios con Él fuera de la película y cuando hacemos esto, aumentará nuestro dolor. Y era para mí una gran frustración cuando la perfección no era la protagonista. Así que mi estima se debilitaba.

4. **No seas egoísta.** Yo me sentía egoísta anhelando ser amada, cuidada y respetada, pero por la persona equivocada, en la fuente equivocada, sin saber que todos los seres humanos tenemos las necesidades emocionales de ser amados, cuidados, enseñados, ayudados y escuchados; todos necesitamos entender nuestro propio valor, pertenecer a una familia y a un grupo, tener un techo, alimento, medicina, vestido, transporte, pasar tiempo de calidad con juegos, abrazos, caricias; tener espiritualidad sana, conocer a Dios y Su Palabra.

¡**Uff** que alivio saber que lo que siempre había percibido como una tuerca floja, una locura de mi parte, era mi necesidad básica y así Dios me diseñó!

Esta regla se instala en el alma de los hijos a través de la repetición de la instrucción: no seas egoísta.

Vivimos supliendo las necesidades de otros, nos entregamos de manera desmedida a servir a los demás y cuando aquellos a quienes servimos no nos dan lo que esperábamos, entonces no sentimos mal y comienzan a formarse raíces de amargura, hecho que desencadena la culpa y la ira.

Yo sentía que no estaba cómoda con el amor, asfixiada buscaba llenar mi copa vacía en lugares equivocados; de la misma manera, otros se refugian en sus pecados de lujuria, control, pornografía, comen demasiado, manipulan, se aíslan, buscan reconocimiento, intentan impresionar a otros, sirven para agradar a otros, pero solo son refugios temporales.

Cuando estamos cómodos con el amor, en las crisis o en las recaídas podemos volver a los brazos de Dios y sentirnos como copas llenas de gozo.

Cuando concluimos que estamos siendo egoístas, nos sentimos atrapados en un ciclo vicioso y decidimos intentar otra vez, creyendo que esta vez lo haremos mejor. Pero cuidado, hemos estado manipulando, seguimos siendo usados y nuestras necesidades siguen estando insatisfechas. A veces creemos que son ellos quienes nos abandonan, pero en realidad somos nosotros mismos los que nos hemos abandonado y no atendemos nuestras necesidades. Tengamos compasión con nosotros mismos, recordemos que podemos amar al prójimo en la misma medida como me amo a mí mismo.

Cuando te amas no será necesario manipular a los demás para llenar tu copa con lo que necesitas y para que tu familia te respete y te valore. Podrás pedir lo que necesitas en una conversación honesta sin optar por amenazas, con irte de sus vidas. Por ejemplo, si necesitas ayuda de la casa, pero no puedes pedirla directamente, les gritas y comienzas a quejarte, a compararlos con otras personas. También porque te sientes culpable y no descansas hasta que tu familia te insiste que por favor vayas a descansar; tu necesidad de descanso es válida, pero como no puedes pedir ayuda, eliges pecar contra los demás para que se cumpla esa necesidad de "hacer cumplir las reglas" que tiene una familia disfuncional. Otro ejemplo es cuando las personas dicen... haz lo que yo digo y no lo que yo hago. Esta regla nos enseña a no confiar y abre las puertas para que todo sea por un espíritu de sospecha.

5. **Cuando los padres no cumplen promesas afectan** negativamente en el fundamento de la autoestima de los hijos. Un hijo que creció sin poder confiar en sus padres se convierte en una persona muy insegura de sí misma. Todas sus relaciones estarán gobernadas por el temor al abandono. Son llevados buscando a quien ayudar, quien cuidar, una vida de manipulación, mentira y las máscaras son parte del día.

La persona actúa con máscaras para mostrarse como lo que realmente no es y ser aceptado. La prepotencia y la ira son una herida por falta de amor y son raíces de codependencia, hay una alerta a la defensiva porque no confío, no creo que alguien me va a defender y hay temor al abandono. El temor y la vergüenza a ser descubierto, rechazado y abandonado lo acompaña en todo momento y él mismo se abandona.

6. **No está bien juzgar.** En este tipo de hogar se basa en lo que hacemos, en el mantenerse ocupados y preocupados en la productividad.

7. **No se habla de sexo.** Somos seres sexuales Dios nos hizo así, la sexualidad es parte de nuestro diseño.

Muy a pesar de que la sexualidad es uno de los temas que más nos afecta durante nuestra vida entera, es el tema que menos atención se le presta y no sólo eso, sino que está prohibido hablar al respecto. Las consecuencias de estas reglas son: los niños crecen con ansiedad y vergüenza en el aspecto sexual. Mucha ignorancia con respecto a todo lo que tiene que ver con sexualidad. La combinación letal de la fuerza de la naturaleza sexual del ser humano y la desinformación, los tabúes en la casa y el bombardeo de sexualidad desvirtuada trae consigo resultados trágicos.

Los hijos van a ser educados sexualmente si no por los padres, por los círculos de amigos en el colegio. Muy frecuentemente son usados sexualmente por adultos enfermos cercanos a la familia. La mayoría de los padres de niños abusados jamás se enteran de lo ocurrido, no únicamente por la manipulación del abusador sino porque la puerta para hablar y preguntar acerca del sexo siempre estuvo cerrada.

Puede darse el caso de una persona que viva inmersa en un mundo ilícito sexual ya que no era permitido en su casa hablar de este tipo de cuestiones y si hablaba de sexo era catalogada como vulgar.

8. **No agitar las aguas.** Encarcelar a la familia a cumplir el resto de las reglas. Esto produce rebeldía al pretender conservar el equilibrio del sistema familiar, aunque sea enfermo. En el hogar disfuncional no hay espacio para cambios saludables.

Malos frutos de las familias disfuncionales:

Abuso

Los golpes, halones de cabello, torturas, abuso verbal, insultos, sobrenombres, burlas, gritos, abuso psicológico o emocional, manipulación, engaño, mentiras, promesas rotas, comparaciones, enseñanzas erradas, amenazas, abuso sexual, inapropiada exposición a la pornografía, a la actividad sexual de otros, violación.

Este dolor me acompañó por muchos años porque mi madre era una mujer muy colérica, iracunda, así que sufrí mucho... en cuatro o cinco ocasiones hubo maltrato físico, constantes gritos e insultos. Aunque todos a mi alrededor tenían la creencia de que eso era normal, y que yo no debía sentirme mal con ella, mi alma no lo percibía así; y la verdad me tomó muchos años y repetidos ejercicios para perdonar a mi madre, porque como relaté al principio, ella era mi primer contacto con el amor y la figura que Dios había designado para cuidarme en la tierra. Una y otra vez tuve que perdonar sus maltratos e insultos. Pero finalmente logré recibir de parte de Dios, en mi corazón, el perdón y ya no me dolía, no me duele más, ni me enojo al pensar en esos momentos, puedo verla hoy con misericordia, mi dolor y mi herida por fin cicatrizaron.

Vergüenza y la culpa

Significa que me siento mal por quien soy y eso afecta mi identidad. Este dolor también me acompañó por muchos años. Porque es fruto de la disfuncionalidad familiar.

Temor

Con el temor se desconoce lo que es seguridad, confianza y paz. Todos viven en angustia y ansiedad.

El temor no se reprende, el temor es echado fuera por el amor así como dice la Palabra de Dios, "el perfecto amor echa fuera el temor". Cuando tengas temor clama a Dios para que te inunde de Su perfecto amor. El que conoce a Dios y está cómodo con el amor es una persona satisfecha, segura, tiene paz, y respeta a los demás y tiene misericordia. Esto es amor.

Ira

La ira es un estado permanente en algunos miembros de la familia, es el camino de la rabia, la agresividad para defenderse y defender al resto de la familia, a los más débiles con el propósito de hacerles justicia; de alguna manera el propósito primordial de utilizar la ira es opacar el dolor.

Y como ya comenté, la ira era una de mis principales reacciones, defenderme de lo injusto y cuando tenía temor. Era el modo de apagar mi dolor. Cuando me sentía herida o amenazada simplemente tomaba una actitud maltratadora con insultos, y de manera autoritaria especialmente con mis ex parejas.

El que creció sin cuidado y sin amor incondicional, se siente agresivo, siente que siempre debe estar defendiéndose o atacando, debe estar a la defensiva. Porque nadie quiere volver a sentir ese dolor de rechazo y esto es una manera de protegerse y anestesiar el dolor que produce el rechazo.

Tristeza

Todos en la familia se pierden en la tristeza. Rechazo, el abandono, la autoestima pisoteada, la constante inestabilidad.

Sentir ira, temor, tristeza o angustia son absolutamente válidos, es lo esperado en la familia, lo importante es dar ese primer paso hacia la sanidad, hacia la libertad reconociendo que hay dolor, que hay heridas profundas, que hubo rechazo, abandono y que hay temor y vergüenza; es fundamental dar ese paso y reconocer el dolor, colocarle nombre a cada sentimiento y a cada herida que, aunque es supremamente difícil será el comienzo de una nueva vida.

Desde mi adolescencia, me invadía la tristeza, claro que los cambios hormonales en un adolescente influyen en estas emociones, pero esto se mantuvo incluso hasta mi edad adulta, sentía mucha tristeza en las tardes especialmente cuando el sol bajaba. Luego tuve la revelación, que era justo en el momento que llegaba mi mamá del trabajo y tal vez podía sentir rechazo en sus palabras. Yo no me sentía identificada en mi hogar y tampoco en mi familia.

ACTIVIDAD

Reflexiona sobre la familia donde creciste e identifica características de una familia disfuncional.

LA RESTAURACIÓN COMO
UN ESTILO DE VIDA

CAPÍTULO

6

LA RESTAURACIÓN COMO UN ESTILO DE VIDA

Una vez que vamos en camino a la restauración y en este largo proceso que es para siempre, recaer es una posibilidad, es volver al lugar a donde juramos no volver.

No se vuelve al lugar donde se estaba de un día para otro. Ese lugar puede ser pornografía, ataques de ira, religiosidad, comer compulsivamente, mentiras, control y manipulación.

Viviendo en la restauración, existe un mapa de recaída descrito por Jaime y Liliana, que comienza olvidando las prioridades, sintiendo ansiedad, exceso de velocidad, estado irritable, exhausto; en la recaída es importante la aceptación.

La gratitud es otro aspecto fundamental en la restauración. Una persona que vive reconociendo el amor y la misericordia de Dios, vive cumpliendo el propósito al máximo. Si decidimos no reconocer a Dios en nuestra vida y lo que ha hecho por nosotros, estaremos llenos de juicio y amargura. Necesitamos reconocer la gracia de Dios en nuestras vidas.

También necesitamos vivir sin secretos, vivir en la luz y no más en las tinieblas. Necesitamos vivir resolviendo nuestros problemas, no huir, ni dilatar o posponer la resolución porque es una clara señal de inmadurez. Debemos identificar temores, sentimientos y mantener el compromiso de continuar con Dios, con nuestra familia, con la oración. Una persona que se convierta en honesta y vulnerable ante los demás ha superado el temor a ser rechazado, debemos ser honestos y hacernos vulnerables ante otro y recibir amor y aceptación incondicional que es lo opuesto al rechazo.

La ansiedad es una de las etapas de la recaída y el propósito es obtener energía de las emociones, gran parte de esta etapa se desarrolla en la mente cuando damos rienda suelta a los pensamientos negativos del pasado, culpándonos por los pecados que ya han sido perdonados. El perfeccionismo, establecer estándares que sabemos que no podemos cumplir, ya que esto produce altos niveles de estrés y ansiedad.

El propósito de esta etapa es huir mentalmente de lo que está comenzando a moverse por dentro de nosotros, lo cual estimula a las fantasías, la masturbación, la pornografía y otras actividades como "el rescate" al adicto por parte del codependiente. Es decir, tratar de ayudar a aquellos que no quieren ayuda, lo que nunca funciona, pues no tenemos tanto poder para transformar otras vidas, de ahí que si no quieren cambiar, el resultado siempre es frustración, ansiedad y agotamiento.

Exceso de velocidad es otra etapa del proceso de recaída, los cambios de ánimo drásticos, la lujuria, el exceso de cafeína. Algunas personas hacen ejercicios de manera desequilibrada, se aíslan, sus mentes se encuentran en otro lugar. Estas son características de los que viven afanados y han caído en la etapa de recaída.

Otra etapa es estar irritable y consiste en buscar refugio en la ira, en la agresión, en el sarcasmo, sentir soledad y falta de comprensión; reaccionar exageradamente, tener y manifestar resentimiento constante, aislarse, culpar a otros, contender con otros, manifestar problemas digestivos, dolor de cabeza, tener pensamientos obsesivos, falta de perdón, sentimiento de grandeza, superioridad e intimidación.

La ira es uno de los anestésicos más poderosos que nuestro cerebro produce para no sentir dolor, el propósito que tiene aquel que llega a esta etapa es mantenerse anestesiado acerca de aquello en lo que se ha convertido su vida. Puede estar sintiendo vergüenza, culpa por las malas decisiones que está tomando, así que usa la ira para no sentirse tan mal, la persona puede llegar a postergar responsabilidades financieras causando crisis financieras laborales relacionales que pudieron evitarse.

Todos tenemos el derecho a tener la razón, pero cuando proteger ese derecho es más importante que mis relaciones más cercanas, ya dejo de tener la razón.

¿Qué es más importante para ti hoy? tener la razón o tu familia, tienes que escoger. Esto fue una gran revelación en mi vida durante este proceso porque en mi perfeccionismo y creer que podía ser juez de otros, especialmente de mis ex-parejas, siempre quería tener la última palabra y por supuesto siempre, la razón.

La última etapa de la recaída es estar exhausto, sin combustible, se siente depresión, pánico, confusión, se vive sin esperanza, se tiene demasiado o muy poco descanso, no se encuentra refugio, se siente abrumado y se llora sin razón. La persona no puede pensar, se le nota olvidadizo, pesimista, impotente, cansado, adormecido; vuelve a usar drogas y alcohol, busca gente o lugares no convenientes, se aísla, tiene pensamientos de suicidio, llanto espontáneo, vive sin metas y se mantiene en un estado de supervivencia sin devolver llamadas telefónicas, faltando al trabajo, irritable y sin apetito.

La Palabra de Dios dice en el Salmo 119:105 que ella es lámpara a nuestros pies.

Muchos nos hemos acostumbrado a caminar en la oscuridad tomando decisiones para nuestra vida de manera arbitraria, sin pedirle al Señor que nos muestre el camino, cuando actuamos de esta manera el resultado siempre será la confusión.

La recaída consiste en volver al lugar que juré no volver jamás

La persona está fuera de control, comienza por mentirse a los demás y a sí mismo. El resultado usualmente es venganza, condenación, culpa y soledad. En este punto ocurre ese bendito y maravilloso milagro llamado arrepentimiento, eso fue todo lo que el padre del hijo pródigo esperaba que ocurriera en su hijo para recibirlo de vuelta y abrazarlo, llenarlo de besos, restituirlo al lugar que le correspondía en la vida. Así Dios hizo conmigo, me abrazó, me besó y me dijo... todo estará bien, y esto mismo pasará contigo, llegarás al final de tu camino y con un arrepentimiento genuino Dios te abrazará hasta que vuelvas a casa de Abba Padre.

Yo venía de una familia disfuncional y con padres separados, nunca había tenido un hogar verdadero, sin embargo, las personas que tenían largos años de matrimonio, hermanos y que aparentemente estaban felices, también provenían de familias disfuncionales, ya que la disfunción de las familias es más común de lo que imaginaba, porque muy pocos saben dar ese amor y aceptación incondicional y valoración a sus miembros, por eso la mayoría de las personas vamos por la vida sin una verdadera identidad, aunque tengamos a Jesús en nuestro corazón.

Este proceso es para toda la vida, podemos caer otra vez en cada situación anteriormente mencionada si no estamos en constante conexión con Dios. Porque en cuanto ya no nos sintamos hijos, por cualquier situación volveremos a sentirnos mendigos de amor y aceptación.

Es que realmente en una familia disfuncional los hijos han sido abandonados emocionalmente y muchas veces, aunque los padres hayan estado presentes, han estado ocupados en otras funciones y no necesariamente han cubierto la necesidad emocional de sus hijos. Una familia disfuncional es aquella donde existe un adicto y un codependiente, el matrimonio está enfermo. Uno de los dos está entregado a una o más adicciones. Y los hijos quedan afectados.

El que comenzó en vosotros la buena obra, la perfeccionará hasta el día de Jesucristo
Filipenses 1:6 RVR1960

ACTIVIDAD

Escribe aquí tu compromiso con Dios y con tu restauración. Te invito a una intimidad con Dios.

HERRAMIENTAS DENTRO DE
LA SANIDAD

CAPÍTULO
7

HERRAMIENTAS DENTRO DE LA SANIDAD

Perdón y más perdón

El principal ingrediente después de una íntima relación con Dios, en esta ecuación de sanidad es el perdón. En cada área o ciclo de aprendizaje en este caminar, el perdón se ha mencionado una y otra vez, porque no será algo que se te otorga de parte de Dios solo por mencionarlo, debes repetir el proceso de perdón una y otra vez, hasta que Dios redarguya tu corazón y realmente eso se implante en él. Y esto debe ser con cada una de las personas que te han herido. Así que, si tu lista es larga, pasará un largo período hasta que tengas tu corazón limpio de resentimiento. Hay que perdonar a Dios también si es necesario, las veces que sean necesarias porque no te puedes comunicar con Dios si te sientes enojado con Él y esto te puede traer un resentimiento o raíz de amargura.

El perdón fue decisivo para comenzar mi arrepentimiento, ya que pude reconocer también mi pecado, mis bajezas y reconocer que, si Dios me perdona cada día por mis pecados, yo no soy nadie para no perdonar. Era necesario que yo pudiera perdonar para poder ser perdonada. Así que debía entregar la misma bondad y compasión que Dios había entregado a mi vida. Y ser libre de resentimiento, poco a poco, perdonando muchas veces, siete veces siete, como dice en la Palabra de Dios, para ser libre de amargura, y ya no ser esclava de la falta de perdón, liberando a mi deudor, en este caso el ofensor de la deuda que no tendría cómo pagar. Y de este modo yo me siento libre para perdonar de corazón.

En este proceso de restauración en **«Canaán Church»**, algo que realmente fue maravilloso para mí, es que aprendí que tenía que llevar el concepto de Dios, el concepto de Jesús que estaba en mi mente a mi corazón, todo ese amor que Dios dice en Su Palabra, que tiene para mí, debía llevarlo de la mente al corazón.

Muchas veces estamos llenos de conocimiento y Palabra de Dios, pero no llevamos estos conceptos a nuestro corazón para poder realmente creer lo que la Biblia dice.

Nuestro corazón se rige por nuestros propios criterios y creencias o por el "Sark" (concepto aprendido en Canaán Church).

Dentro de mi experiencia en **«Canaán Church»**, la primera clase a la que asistí (por cierto, puedes llegar en cualquier punto del proceso a Canaán, te vas a alinear eventualmente donde quiera que sea tu comienzo) fue la clase del Gozo y mi impacto fue tan grande cuando descubrí que es lo opuesto al dolor del alma; esa era mi área enferma, la que yo necesitaba sanar.

¿Por qué sentía tanto dolor en el alma?

La interpretación del rechazo que hubo en mi alma desde mi infancia me hizo sentir un gran dolor en el alma y vacío; ya que el rechazo es precisamente lo opuesto al amor y yo no me sentía amada incondicionalmente, ni valorada, ni aceptada, ni tenía sentido de pertenencia, por todas esas carencias que tuve de niña, que mis padres también tuvieron.

El **gozo** es sentir paz, tranquilidad y plenitud como dice en el salmo 16:11 *"en tu presencia hay **plenitud de gozo** y delicias a tu diestra para siempre"*.

El **gozo** es una emoción, una alegría interna, es complacencia. Es paz, es la capacidad de disfrutar de todo lo que te rodea día a día, sin tristeza, sin enojo, aunque las cosas no salgan a la perfección.

El **gozo** sólo se encuentra través de relaciones interpersonales con otros seres humanos importantes de tu vida, pero sobretodo en la relación íntima con Dios cuando me acerco con toda confianza a Dios sabiendo que no me rechaza, que me va a amar tal y como soy y que también anhela estar conmigo. Por eso es tan importante la comunicación con Dios ya que es la base de toda restauración y sanidad, porque todo será hecho por Su amor, por Su gracia y por Su misericordia. Es importante reconocer cuánto Dios te ama, cuánto quiere sanarte, cuánto quiere limpiarte, cuánto quiere perdonarte, así que confiésale tu pecado y permite que Él trabaje en tu corazón, arrancando todo lo que no debe estar ahí, pide su perdón que es el primer paso para reconciliarnos y encontrar a Dios y dejar de ser huérfanos.

En Juan 14:18 Dios dice *"no los dejaré huérfanos, vendré a vosotros"*. Pero Dios no abrirá la puerta si tú no le abres, Él es un caballero; pero además nos da libre albedrío. Si tocas la puerta, Él abrirá, si le llamas, Él te va a escuchar y si le pides, Él te va a dar todo Su amor y los deseos de tu corazón.

No nos hemos sentido cómodos con el amor porque hemos tenido falta de amor y cuidado incondicional, así que nos sentimos huérfanos y no podemos confiar en Dios porque no tuvimos un ejemplo en nuestros padres terrenales al no cumplir a cabalidad la función en la tierra de ser nuestra máxima expresión de amor y por eso no entendemos el amor. Y cuando no nos sometemos a Dios, nos sentimos inseguros, no aceptados, sentimos que no pertenecemos, habrá una ruptura en nuestra alma, como cuando perdimos alguno de nuestros padres y esto nos afecta en profundidad, no confiamos, tenemos falta de saciedad, tenemos vacíos, cerramos nuestro espíritu, caemos en todos los pecados ya mencionados, entre otros.

Pero definitivamente hay oportunidad de desplazar ese corazón huérfano. De manera que podemos someternos a Dios y reconocer que somos hijos, perdonar a nuestros padres terrenales, reconciliarnos con ellos porque tenemos el mandamiento de honrar a nuestros padres sin importar qué nos hicieron, también perdonar a las autoridades en nuestras vidas y renovar nuestra mente, sembrar para nuestra herencia, honrar a todos.

Se necesitan muchas palabras de afirmación para contrarrestar el rechazo, por eso es tan importante reconocer nuestros pecados, porque este es el resultado de nuestro temor, culpa, vergüenza; pero si tenemos una intimidad con Dios, podemos echar fuera ese temor y sustituirlo por el amor de Dios que está en nosotros.

Cuando estamos en pecado tenemos tendencia a alejarnos de Dios, pero es sólo cuestión de rendirnos y clamar a Él para que Él nos vuelva a abrazar como Sus hijos, volver a casa del Padre y rendirnos. Porque siempre nos va a perdonar una y otra vez. Dios te dice en **Su Palabra** *"eres mi hijo amado y en ti me siento complacido".*

Debes escuchar la voz de Dios. Él nos disciplina, no por venganza, Él desea moldear tu carácter. Debes sentirte hijo o hija, debes confiar al 100% en Dios, y *"aunque Él me matare, en Él esperaré",* como dice en Su Palabra.

Porque Dios tiene la foto completa y entiende mejor todo lo que ocurre a nuestro alrededor. Si no escuchas la voz de Dios y te entretienes con los ruidos externos, no vas a poder tener un oído afinado para lo que Dios quiere decirte.

Es normal que a veces desconfiemos, tengamos temor, y eso nos lleve a salirnos de la presencia de Dios por momentos, puede que sean momentos muy cortos; esto fue revelador para mí en mi proceso, aprendí a tener una verdadera intimidad con Dios, escuchar Su voz e instrucciones.

Tenemos que tener en cuenta que siempre podemos regresar inmediatamente a los brazos del Padre, a confiar y hablar con Él. Nadie puede estar 100% con Dios. En el mundo tendremos aflicción, pero es inminente luchar constantemente con el comportamiento pecaminoso, manteniéndonos conectados a la fuente que es Dios y así nos lo indica Su Palabra. Y de esta manera tendremos la suficiente identidad para mantenernos confiados en quien somos y para dónde vamos. Si nos mantenemos sordos a la voz de Dios, entonces buscaremos otros lugares de refugio y podemos recaer de la restauración. Si pecamos, podemos caer en la condenación, pero debemos siempre recordar que podemos ser consolados nuevamente por Dios.

Aquí podemos recordar lo sucedido cuando Jesús estuvo en el desierto, esto fue algo muy revelador para mí, Él tuvo la suficiente identidad para no dejarse tentar por el enemigo y se mantuvo firme, no se salió de la casa del Padre, es decir, no se salió de los brazos del Padre. Tenemos una necesidad intrínseca de comprobar lo que somos y realmente no tenemos que demostrárselo a nadie, no tenemos que agradarle a nadie más que a Dios, tenemos que luchar constantemente contra esto. Cuando nos alejamos de Dios, no oramos, no nos acercamos a Dios, entramos al mismo comportamiento de demostrar que somos valiosos y luego pagamos las consecuencias.

Cuando estás lleno del amor de Dios, no vas a comer nada de lo que no te conviene, no vas a querer nada que no sea de Dios. Es un reto diario y constante. Reconoce que por causa de tu corazón huérfano no logras ver el amor de Dios y no logras romper las barreras. Debes regresar a Dios y a la comunión con Él. Confesarle tu pecado, confesar tus sentimientos, tus emociones, porque Dios está esperando para abrazarte. Debes abrir tus sentidos a los consejos de Dios, a la voz de Dios y no a la voz del hombre; el humano por naturaleza quiere escuchar la voz del hombre, pero realmente esto puede desencadenar en idolatría y control sobre tu vida. Dentro de este proceso aprendí que es más importante consultar continuamente a Dios y seguir las instrucciones de Su Palabra, que desesperadamente buscar consejo o instrucción de hombres.

Dentro de las **herramientas** aprendidas en **«Canaán Church»** se encuentra el llevar un **INVENTARIO MORAL**, donde podemos decirle a Dios sin tapujos todas las bajezas, los pecados, las iniquidades, las faltas que cometemos durante el día anterior o el día propiamente dicho. Además de las emociones que sentimos, lo cual no está mal sentir, lo importante es identificar cada una de ellas y sus causas cada día para no permitir a tus emociones arraigarse profundamente en tu corazón y producir malos frutos, como la amargura.

Otra herramienta es llevar un **DIARIO** de todas las cosas que nos pasan, de todo lo que queremos comunicarle a Dios y sacar de nuestro corazón, haciéndolo a Él conocedor de nuestro interior, independientemente de que Él sepa absolutamente todo lo que nosotros pensamos, sentimos y hacemos. Puedes cada mañana conectarte con Dios y escribir tus sentimientos, tus emociones, poner ante su altar todas las cosas que te preocupan, colocar en Su presencia tu día para que Dios sea el que dirija cada uno de tus pasos. Si no sientes la voz y dirección de Dios aun, te aseguro que, si adoras con todo tu corazón y le llamas, y oras, definitivamente encontrarás Su rostro apacible. Medita en la Palabra de Dios, acalla tu voz interior, aquieta tu mente, adora, cántale a tu Padre celestial, crea esa atmosfera de adoración.

Hacernos vulnerables ante Dios y humillarnos ante Su presencia le permite a Él enjugar nuestro pecado, le da el poder de limpiar nuestro pecado, nuestras faltas, porque como dice la Palabra, seremos humillados en la intimidad y Él nos exaltará en público, nos mostrará Su grandeza y el fruto lo veremos luego de esa restauración del alma, una vez limpiemos toda la bajeza de nuestro corazón. Cuando sacamos el pecado a la luz le quitamos la autoridad a satanás de oprimirnos con nuestras culpas, faltas, vergüenzas e iniquidades del pasado; esa es nuestra arma para desestabilizar sus maquinaciones en nuestra contra.

El DESPRENDIMIENTO es una de las herramientas que puedes utilizar para ir caminando hacia la sanidad de aquellos que se consideran víctimas y están sin esperanza. Primeramente, debemos admitir que Dios es el dueño, olvidar las expectativas, permitir que los demás afronten las consecuencias de sus acciones, dejar de ser el colchón de los demás, también debemos dejar de esforzarnos para controlar las circunstancias, establecer y sostener límites sanos. Y una vez hayas logrado establecer todos estos puntos mencionados anteriormente, vas a recibir frutos de este desprendimiento que serán seguridad y libertad.

Dentro de las herramientas en el DESPRENDIMIENTO se encuentran los **LIMITES**, las fronteras de estos límites están en mi cuerpo, mi alma y mi espíritu. Soy responsable del cuidado de mi cuerpo, es el templo de Dios.

Con respecto al Alma, ella está compuesta por nuestra mente, voluntad y emociones; soy responsable por mis emociones y mis sentimientos. Y en lo que refiere el espíritu, soy responsable de mis creencias, de sostener mi fe, de crecer o no crecer espiritualmente, de obedecer a Dios y Su Palabra o no, es mi responsabilidad decidir hasta dónde, cuánto y cuando voy a rendirme ante Dios.

Soy responsable de mis necesidades y buscar que sean satisfechas y llenas en el lugar correcto. Nada ni nadie tiene la capacidad de llenar nuestras necesidades de amor, aceptación, valoración e identidad. Estamos continuamente esperando que personas o cosas llenen estos vacíos y de este modo caemos en la idolatría. Así que responsabilizamos a otros por lo que sentimos, ya sea ira, tristeza, alegría. Los límites personales cuando están bien delineados nos ayudan a protegernos y somos libres y responsables para decidir quién puede acercarse, quien no, quien puede entrar y hasta dónde. Dios mismo representa un ejemplo de respeto en estos límites; Él toca la puerta, llama, y si abrimos Él entra a habitar dentro de nosotros para derramar sobre nosotros Su amor. Pero Él pide permiso para entrar, no violenta nuestros límites.

La formación de los limites es un factor primordial, fundamental en la restauración de nuestro espacio, nuestras fronteras, del cuerpo, del alma y del espíritu. Comienzan a formarse hasta los 5 años de edad, y están totalmente influenciados por nuestros padres y por todas aquellas personas significativas en nuestra formación. Los que tuvieron padres controladores, intolerantes, abusivos, sobre protectores, se sintieron invadidos y amenazados, por tanto, buscaron proteger su espacio levantando una muralla impenetrable, aislándose y de esta manera huyendo de la intimidad, tienen vergüenza y no pueden confiar y esto no representa límites sanos porque impide la entrada también de lo bueno.

Por otro lado, aquellos hijos de padres distantes emocionalmente, se sintieron abandonados y las consecuencias han sido devastadoras también, ya que son incapaces de decir no, no pueden ponerles nombre a sus sentimientos, no pueden tomar decisiones, no saben quiénes son, no existen límites, son invadidos e invaden a otros, confunden amor con tener que decir que sí.

LIMITES es uno de mis temas favoritos, cuando leí el libro de límites, recibí gran revelación, ya que había pasado más de 40 años de mi vida sin murallas, sin límites, aunque a veces reconozco que era exagerada poniendo límites y éstos tampoco son límites sanos. Hay que poner límites, pero sanos, ni a un extremo, ni al otro. Como cuando comencé el proceso de restauración, al ver que realmente yo me encontraba enferma de codependencia, controladora y manipuladora, reconocí que había dañado mucha gente en mi vida, quise rectificar con mi ex novio ministro y me fui al otro extremo de la balanza abriendo los pocos límites que tenía y permitiéndole entonces intento de sumisión, abusos, maltratos, gritos; hasta que llegué al final de mi camino y descubrí que necesitaba un equilibrio y por supuesto acudir a Dios, para esto, le pedí a Dios todo lo que necesitaba para salir de estos dos extremos. Para profundizar en este tema te recomiendo el libro de LIMITES, de los doctores Henry Cloud y John Townsend, es una preciosa joya literal, que te llevará a diferenciar entre tus límites sanos y los límites de otros a tu alrededor.

Hay guerra espiritual dentro de todo este proceso y alrededor de tu vida, ya que el mundo de las tinieblas y ataduras es muy real, por eso es muy y altamente recomendable tener liberaciones de ataduras por personal preparado y bajo cobertura del cuerpo cristiano. Y una vez liberado, debes tomar la decisión de no volver a exponerte a esas tinieblas y evitar el camino hacia la recaída dentro de la restauración. Este proceso es un estilo de vida y siempre debemos estar dispuestos a continuar perdonando e identificando en qué vamos fallando y cuándo caemos en esas tinieblas, que como bolas de nieve nos llevan a recaer.

Reconectar esos puentes rotos que hubo con nuestros padres, reconectar los abrazos con las personas que amamos forma parte de la restauración. El toque físico trae algo muy profundo que nos conecta con otras personas de una forma única y trae una nueva dimensión en la relación y facilita el proceso de reconexión. Así que, en este proceso de restauración, los abrazos y su importancia son fundamentales.

Dentro de mi investigación para escribir este libro descubrí que los abrazos y el contacto físico pueden ayudarnos a mejorar nuestro estado de ánimo de manera inmediata, por lo que nos provoca placer. Los abrazos nos aportan seguridad y calma, facilitando crear nuevos vínculos afectivos. A nivel físico está demostrado que las personas que reciben abrazos de manera habitual, tienen menor frecuencia cardíaca y mejores niveles de presión arterial.

El toque físico es el modo para comunicarnos desde nuestro nacimiento, es el más primitivo y elemental. Nuestro cerebro reacciona al tacto suave y con ello se activan áreas que se relacionan con la recompensa. Por eso, la reducción del contacto físico hace que nuestro cuerpo extrañe algo con lo que normalmente cuenta.

La privación del tacto incrementa una sensación de soledad y aislamiento. Nuestra percepción del afecto está reducida e incompleta y provoca un descenso en los niveles de la percepción de apoyo social y empeora nuestra capacidad para afrontar situaciones adversas. Es más favorable para la aparición de trastornos obsesivos, postraumático. Incluso se ha declarado un día mundial del abrazo. También dentro de los hallazgos encontrados, está que se favorece el desarrollo del cáncer cuando hay ausencia de toque físico, este puede ser un factor de progresión después del diagnóstico del mismo; de igual manera indican que puede ser beneficioso para estos pacientes en la lucha por combatir el cáncer, eliminar de sus vidas la ira y recibir más de 12 toques físicos al día, es un hecho que favorece el proceso de recuperación.

En el instituto del tacto de Miami, único centro científico dedicado al estudio de los efectos de los masajes sobre la salud, la psicóloga Tiffany Field ha realizado una serie de estudios arrojando resultados como que el abrazo es altamente positivo en la recuperación de pacientes con dolor, mejora los niveles de glucosa en los niños y la diabetes y en el sistema inmunológico en pacientes con cáncer. También puede aliviar dolencias como artritis, anorexia, estrés. Igualmente ayuda contra la depresión y la ansiedad, a reducir el dolor y a incrementar el deseo de vivir de los enfermos. Definitivamente el amor nos permite sentirnos protegidos, nos otorga seguridad, confianza para avanzar cuando el miedo nos bloquea ante algún desafío de la vida. Con un abrazo transformamos nuestra energía y aumentamos nuestras propias fuerzas. El contacto físico y el abrazo es energía vital capaz de sanar y aliviar dolencias.

Ninguna de estas herramientas surte efecto de la noche a la mañana, es un proceso largo y complejo pero la satisfacción será maravillosa cuando finalmente puedas tener esa paz y ese **Plenitud de Gozo** para manejar las circunstancias de la vida.

Finalmente, podemos entregar la bendición a nuestros padres, una bendición que se traduce en un contacto físico significativo, expresión verbal de nuestro amor y una valoración profunda hacia ellos, declararles que habrá un futuro especial y que mantendremos un compromiso activo; perdonarlos ya que nosotros también fuimos perdonados y verlos con el mismo amor y misericordia que Dios nos ve a nosotros.

Luego, cuando hayamos avanzado en el proceso de sanidad, también podemos entregar la bendición a nuestros hijos como un regalo que Dios nos brinda después de este proceso de restauración.

Sin lugar a dudas primero debemos sanarnos y restaurarnos para luego entregar lo recibido, a partir de esta sanidad, de todo lo que Dios deposita en nosotros y ser esas copas desbordantes de amor, plenitud de gozo, que ahora somos, entregando sanidad y bendición a nuestros hijos y a nuestros hermanos en el cuerpo de Cristo. Así también es un llamado a servir a otros, bendiciendo y amando desde la restauración y las cicatrices, influenciando sus vidas con nuestro testimonio y los frutos del Espíritu Santo y de la sanidad interior, ayudándolos a encontrar refugio en los brazos del Padre, Dios Todopoderoso.

Jeremías 33:6-8 dice

"Sin embargo llegará el día en que sanaré las heridas de Jerusalén y le daré la prosperidad y verdadera paz. Restableceré el bienestar de Israel y reconstruiré esas ciudades. Limpiaré sus pecados contra mí y perdonaré todos sus pecados de rebelión."

Jeremías 32:37-41 dice

"Los traeré de regreso a esta misma ciudad para que vivan en paz y seguridad. Ellos serán mi pueblo. Les daré un solo corazón y un solo propósito: adorarme para siempre para su propio bien y el bien de todos sus descendientes. Y haré un pacto eterno con ellos nunca dejaré de hacerles bien. Pondré en el corazón de ellos el deseo de adorarme, y nunca me dejarán. Me gozaré en hacerles bien y con fidelidad y de todo corazón los volveré a plantar en esta tierra."

ANOTACIONES

CICLO DE LA SANIDAD

CAPÍTULO
8

CICLO DE LA SANIDAD

La meta de todo proceso de restauración es romper ese ciclo del dolor y sustituirlo por el ciclo de la sanidad. Y el ciclo de la sanidad como el ciclo del dolor comienza también con una herida. La diferencia es que no vamos a permitir que se desarrollen las fortalezas que nos hablan en contra de la verdad de Dios y en su lugar encontraremos consuelo en nuestro Padre celestial. Así podremos llenar nuestra COPA y desbordarla de **Plenitud de Gozo**.

- **HERIDA**

Sanar estas heridas en los brazos de Dios y sus verdades.

Cuando sanemos nuestras heridas del pasado, los frutos podrás disfrutarlos cuando ministres a otros, y es por eso que estoy lista para compartir contigo mis aprendizajes, hablándote desde la cicatriz, no desde la herida sangrante.

- **CONSUELO**

Incluye el hablar palabras llenas de verdad que nos fortalecen y nos llenan de vida, nos animan.

- **PENSAMIENTO POSITIVO-BENDECIR A OTROS**

Una vez hemos sido consolados y nuestras heridas van cicatrizando, podemos bendecir a quienes nos han herido y no juzgarlos, ni maldecirlos. Debemos dejar a Dios ser Dios y dejarnos sanar. Dios sella cada memoria dolorosa y nos llena de paz, y esa es la verdadera señal de sanidad.

- **PERDÓN Y ARREPENTIMIENTO**

Perdonamos a otros y a nosotros mismos. Recibimos el perdón de Dios por los juicios lanzados, por el resentimiento, recibimos limpieza en nuestra alma. Podremos pecar, pero ya no estaremos practicando el pecado.

- **LUZ Y AMOR FLUYEN**

Luz y amor comienzan a fluir de nuestro corazón, así como misericordia, hasta por nuestros enemigos. Podremos ser capaces de sentir compasión por nuestros padres o las personas que nos hirieron y ya no sentiremos dolor; muchas veces nos dolió más por nuestros propios juicios y malas decisiones, no necesariamente por lo que nos hicieron, sino por lo que hicimos con lo que nos hicieron.

- **LIBERTAD, REPOSO, PAZ Y GOZO**

Definitivamente podremos ser libres de la amargura, del resentimiento, del control, y tendremos paz y **Plenitud de Gozo**. Se ha ido toda culpa y toda vergüenza.

Nunca creas que tu dolor es demasiado grande comparado con otros o demasiado pequeño. No debes comparar, ni juzgar el dolor de otros, es fundamental reconocer que el dolor de cada persona es real y profundo.

Es normal querer que nuestros esposos o familiares sanen, pero no podemos olvidar que el único que puede realmente sanar el cuerpo, alma y espíritu, es Dios. Así que debemos permitir que la voz de Dios esté por encima de todas las voces, incluso por encima de nuestra voz.

No debemos volver a buscar consejo en todo el mundo, consejo del hombre, sino refugiarnos en los brazos del Padre celestial y preguntarle a Él cada mañana. Presentar en Su altar cada sentimiento, emoción o preocupación, rendirlo a Sus pies y obedecerle.

Hay una promesa de restauración para todos nosotros y para todas las personas que amamos, pero alguno de nosotros es el que tiene que comenzar a establecerlo en la familia; si es tu caso, te invito a que profundices en este proceso de restauración, y no te rindas hasta alcanzar ese gozo y paz que Dios desea que tengamos. Mira hacia arriba y deja que Dios te sane, entonces podrás disfrutar como el resto de tu familia, también puede recibir esa sanidad.

Hemos caminado por la vida con un profundo dolor que Dios quiere sanar, pero ninguna medicina logrará hacer esto, sólo Él podrá lograr sacar este dolor de tu corazón. Los recuerdos de los incidentes permanecerán en nosotros por el resto de nuestros días, pero ya no sentiremos ni dolor ni ira, ni temor, ni rechazo, el objetivo final de la restauración es que esas heridas sean cicatrices.

Es muy fácil durante nuestra vida culpar a Dios, al enemigo y a otros de nuestros dolores, de nuestras heridas, pero es vital aceptar que tenemos una herida, una viga en nuestro ojo y un corazón enfermo, por esta razón necesitamos el milagro del arrepentimiento. Y después de vivir un proceso genuino de restauración, durante el cual hemos lidiado con nuestras heridas y dolores, y habiendo sanado, le permitimos al Señor usarnos para ayudar a otros, para que también puedan encontrar "esa mota" en sus ojos.

Entonces, luego de la sanidad, esta restauración dará frutos y podremos ministrar a otros y ayudarlos a sanar, como ese cuerpo de Cristo que necesitamos en nuestro proceso restaurador. Es por eso que hoy escribo este libro, para sembrar una semilla en ti que despierte ese deseo de conquistar tu restauración a través de este proceso de **«Canaán Church»** o cualquier otro centro de restauración de tu elección. A través de este libro te pude adelantar algunos puntos importantes para que identifiques y entiendas que hay oportunidad de sanidad y que es más real de lo que imaginabas.

2 Corintios 4:7 nos dice que:

"Ahora tenemos esa luz que brilla en nuestro corazón, pero nosotros mismos somos como frágiles vasijas de barro que contienen ese gran tesoro. Esto deja bien claro que nuestro gran poder proviene de Dios, no de nosotros mismos."

Aunque somos frágiles copas o vasijas de barro, Dios desborda nuestras copas de **Plenitud de Gozo**, para difundir la buena noticia y nos da autoridad para llevar a cabo Su buena obra, esta vez, cumpliendo la gran comisión como copas llenas y desbordantes. Saber que ese poder y autoridad proviene de Dios y Su misericordia, de Su llamado y no de nuestras capacidades, nos previene del orgullo, nos mantiene humildes y motivados en una práctica diaria de una comunión con Dios, nuestra fuente de poder. Es nuestra responsabilidad vivir de tal modo que la gente vea a Dios y no a nosotros.

ANOTACIONES

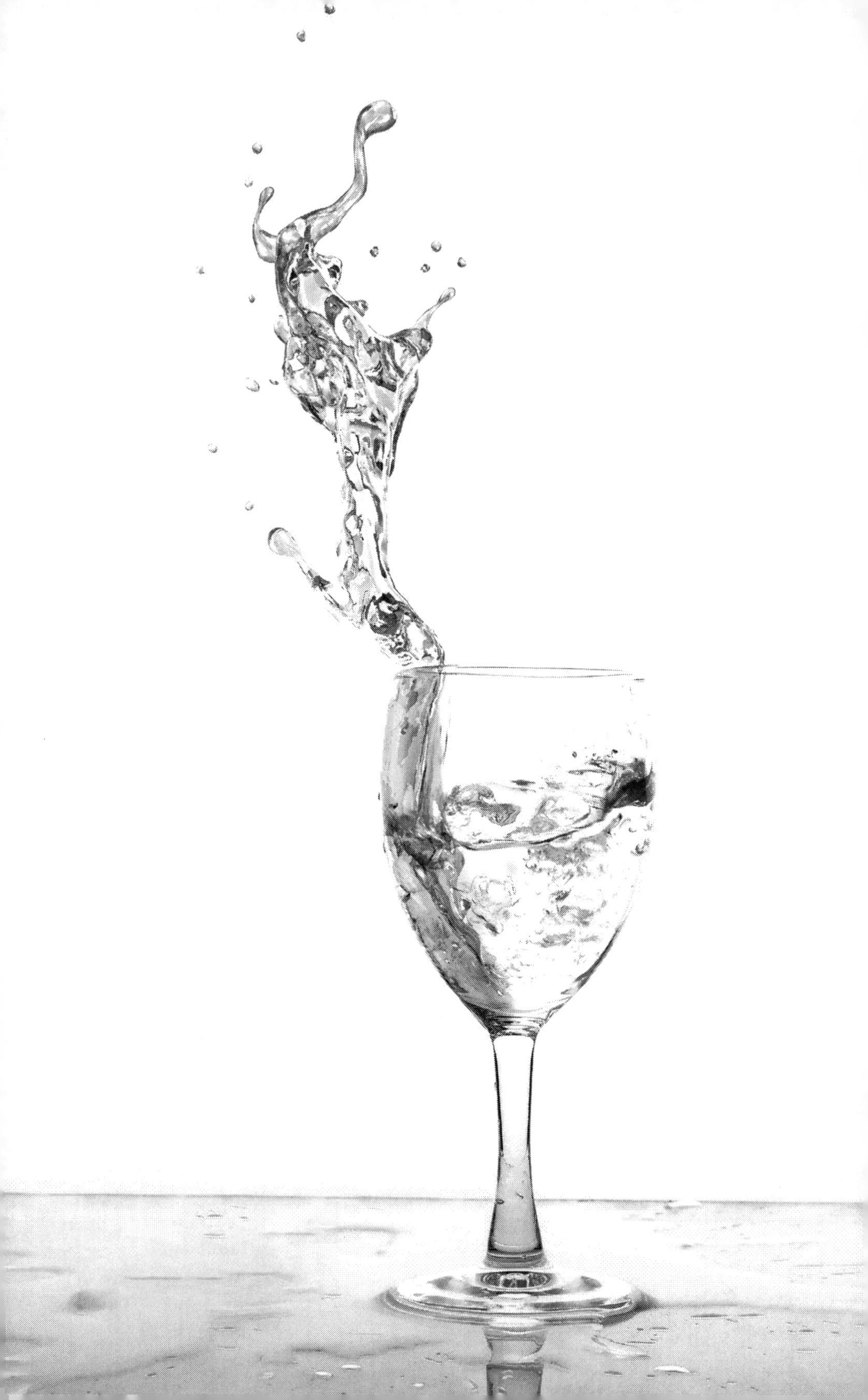

SOBRE LA AUTORA

Yordanka Fonseca

Yordanka Fonseca, nació en Camagüey, Cuba. Se graduó de Doctora en Odontología general en su país natal; actualmente empresaria, inversionista e higienista dental en los Estados Unidos, donde reside desde hace trece años con su hija Jessica.

Autora y escritora del libro "Un desierto con propósito" donde narra un testimonio de vida real, dejando todo atrás e incluso una prolongada separación con su pequeña hija de 5 años. Anhelando mejores oportunidades, decide escapar mientras trabajaba para el gobierno cubano en Venezuela, donde a pesar de adquirir una visa para volar a los Estados Unidos de América, quedó indocumentada con la única alternativa de huir a Colombia para salvaguardar su vida. Durante la travesía tuvo su primera experiencia con Dios, cuando no tuvo más que rendirse a Su voluntad para que luego Dios se llevara la gloria de la victoria de su salvación y llegada triunfante al país donde fluye leche y miel.

Después de convertirse en escritora, Dios pone una pasión incansable por compartir la Palabra de Dios en redes sociales y todo recinto que abra las puertas para llegar a los corazones de los que aún no conocen a ese ser sobrenatural que cambió su vida. Le apasiona trabajar para desarrollar su máximo potencial y ayudar a otros para alcanzarlo, a través del crecimiento, desarrollo personal y la restauración del alma.

Comunicarse con el Espíritu Santo de Dios es el combustible de sus días.

Actualmente cursa estudios teológicos y de liderazgo en la academia Trasciende liderada por Yesenia Then, reconocida pastora de gran impacto.

"PLENITUD DE GOZO, De copas vacías a copas desbordantes" es su segundo libro.

Yordanka fonseca

REFERENCIAS BIBLIOGRÁFICAS

"Hay esperanza" por Jaime y Liliana Garcia

"Sanidad interior" por Jaime y Liliana Garcia

Made in United States
Orlando, FL
02 November 2023